四特 教育系列丛书 SITE JIAOYUXILIECONGS

怎样设计教学情境

《"四特"教育系列丛书》编委会 编著

吉林出版集团股份有限公司
全国百佳图书出版单位

图书在版编目（CIP）数据

怎样设计教学情境／《"四特"教育系列丛书》编委会编著．—长春：吉林出版集团股份有限公司，2012.4
（"四特"教育系列丛书／庄文中等主编．课堂教学与管理艺术）
ISBN 978-7-5463-8732-1

Ⅰ.①怎… Ⅱ.①四… Ⅲ.①课堂教学－教学研究－中小学 Ⅳ.① G632.421

中国版本图书馆 CIP 数据核字（2012）第 043967 号

怎样设计教学情境
ZENYANG SHEJI JIAOXUE QINGJING

出 版 人	吴 强	
责任编辑	朱子玉　杨 帆	
开　　本	690mm×960mm　1/16	
字　　数	250 千字	
印　　张	13	
版　　次	2012 年 4 月第 1 版	
印　　次	2023 年 2 月第 3 次印刷	

出　　版	吉林出版集团股份有限公司
发　　行	吉林音像出版社有限责任公司
地　　址	长春市南关区福祉大路 5788 号
电　　话	0431-81629667
印　　刷	三河市燕春印务有限公司

ISBN 978-7-5463-8732-1　　　　　定价：39.80 元

前　言

学校教育是个人一生中所受教育最重要的组成部分，个人在学校里接受计划性的指导，系统地学习文化知识、社会规范、道德准则和价值观念。学校教育从某种意义上讲，决定着个人社会化的水平和性质，是个体社会化的重要基地。知识经济时代要求社会尊师重教，学校教育越来越受重视，在社会中起到举足轻重的作用。

"四特教育系列丛书"以"特定对象、特别对待、特殊方法、特例分析"为宗旨，立足学校教育与管理，理论结合实践，集多位教育界专家、学者以及一线校长、老师们的教育成果与经验于一体，围绕困扰学校、领导、教师、学生的教育难题，集思广益，多方借鉴，力求全面彻底解决。

本辑为"四特教育系列丛书"之《课堂教学与管理艺术》。

目前，在我国的学校教育中，课堂教学仍然是一种主要的教育教学活动，要想有效地提高课堂教学质量与效果效率，就必须充分尊重和应用教育科学理论，系统学习、研究、提高课堂教学艺术水平，这不仅是对课堂教学的客观要求，而且是教育教学研究的发展趋势之一。因此，有志于从事教育事业去当一名教师的教育专业学生，都有必要去学习、研究课堂教学艺术，为今后做一名合格的教师进行充分的准备。本书把教育教学理论和教育教学实践有机地结合起来，系统地研究课堂教学的规律和实践，研究教学过程中的各种实际问题。

本书还有另一个很明确的目的，那就是：确立班级管理的专业地位，提升师生教学质量。我们分别从学生、教师（班主任）的角度分别进行说明。班级管理是门艺术，大凡艺术殿堂的攀登，都需要自觉的奉献；班级管理又是门科学，涉及科学领域的探索，必依赖智慧的涌动。希望本书的出版，能为工作在第一线的广大中小学班主任提供一个支点，同时，能唤起一部分对班主任工作感兴趣的专家学者的热情，共同来研究这个新课题，让班主任班组管理这项至关重要的工作，更具科学性和艺术性。这也是本书编写的意义所在。

本辑共20分册，具体内容如下：

1.《怎样把课说好》

"说课"是深化教育改革，探讨教学方法，实践教学手段，提高教育教学业务水平的一种好方法，也是教师进一步学习教育理论，用科学的手段指导教学实践，提高教学科研水平，增强教学基本功的一项重要方法。本书主要从说课准备、精心设计与组织说课材料、幽默为教法服务、情感学法说课、辅助教学程序、互动教学目标、应对说课失误和总结说课经验等方面来进行铺垫和阐述。我们站在说课者的角度，多层次地模拟了说课中遇到的各种问题，并提出了相应的改进措施，希望教师在说课中少走弯路，对于日后的说课教学能起到更大的帮助。

2.《怎样设计教学情境》

本书着重探讨了如何使新课程提倡的自主学习、探究学习、合作学习真正进入到课堂之中。通过介绍西方课堂设计的理论和教学策略,总结国内课堂教学改革的成功经验,为教师进行有效的课堂设计提供切实的指导和帮助。

3.《怎样把课备好》

备课能力是一个教师最基本的业务能力。备课是教师教学活动的一个重要组成部分,也是上好一堂课的前提和重要保证。教师要上好课,首先必须备好课,备课是一项深入细致的工作,是教师达成良好教学效果的关键。教师备课最需要用"心"、用"情"、用"力"和重"思"。

4.《怎样把课上好》

课堂动了,学生活了,互动、对话成为课堂教学的常态了,课堂上出现一系列变动不居的场景也就在情理之中了。教师根据课堂教学中生成的各种资源,形成后续的、新的教学行为。动态成为常态,生成成为过程,这些教学的新要求,是上课时教师需要加以灵活掌握的,也是本书所要介绍的。希望通过本书,教师不仅能获得教学的新理念,同时能获得基本的教学策略。

5.《走出教学雷区》

由于学识、经验、能力、性格、思维等诸方面的限制,教师由于认识和行动上产生了偏差,在教学过程中走入误区在所难免。本书列举了日常教学工作中教师常出现的一些问题甚至错误,分析这些问题产生的根源及这些问题在教学中的呈现形式,提出解决的方案,引导教师避免或者走出误区,通过"行动—反思—再行动—再反思",引导教师做一个反思型教师。促进教师在专业化的道路上更快的成长和进步。

6.《让学生出类拔萃》

在学校里,尖子生往往是重点培养对象,集"万千宠爱于一身"。但是作为教师,不能被尖子生"一俊遮百丑"而忽视对他们的培训和教育。教师应该正确认识和了解尖子生,做好培优工作,积极引导,严格要求,满足他们强烈的求知欲,充分施展其才能并通过尖子生积极进取的态度、较好的学习方法影响和帮助其他同学共同发展,使全体学生成绩不断地推进。

对尖子生的培养是一项艰巨而漫长但又极具乐趣的工程,希望通过本书的学习,我们的教师都能发现千里马,精心、尽力培养,让他们跑得更快、更远!

7.《一对一教学》

在中国,"一刀切"式的教学方法普遍存在于课堂中,然而,每个学生特点各异,只有建立在了解学生基础上的个性化教学才能使学生受益无穷。

不是崭新的课本、新潮的教学技巧,也不是最新的教学设备,唯有优秀的教师才是学生成功的关键。坚信我们有责任坚持不懈地寻找和发现优秀的孩子,我们也要认识到每一个孩子都与众不同。本书致力于了解我们的学生并找到适合各个学生的教学方法,因材施教。

8.《让课堂动起来》

教师如何形成新的课堂教学艺术技巧、如何让课堂变得更加生动有趣,这正是本书论述的要旨所在。

教师要上好一堂课,除了要有热情与高度的责任感之外,还要有渊博的知识和一定的讲课技巧,教师必须认真备课、多动脑、多想办法,有了一定的授课技巧,课堂就会时时呈现出精彩!

9.《不怒自威》

本书以清新的笔调、详实的案例向教师娓娓道来:要树立起自己的威信,教师除了要师德高尚、敬业爱生,专业精湛、诚实守信、仪表得当,还要宽严有度、教管有方、赏罚分明、公平公正。只有这样,学生对教师才能心悦诚服,也只有这样,教师才不会在"学生难管"的哀叹中失落教育的权威。

10.《好学生是怎样炼成的》

行为变为习惯,习惯养成性格,性格决定命运。一个动作,一种行为,多次重复,就能进入人的潜意识,变成习惯性动作。习惯对每个人梦想的实现,命运的选择起到了决定性作用。青少年正处于一个习惯的塑造和培养期,养成良好的习惯会让每个孩子都成为好学生,会使其受益终生。

11.《与差生说拜拜》

本书以新颖的创作手法和情真意切的教育语言从多个方面阐述了怎样对后进生进行转化,如何正确认识后进生,坚守对后进生的教育之爱,唤起后进生向上的信心,解开后进生的"心结",有针对性地解决后进生的"问题"行为,加大对后进生的学法指导,提升后进生的自身能力,善用工作技巧来解决后进生问题,走出教育后进生的误区。本书有较强的可读性、针对性、实用性和操作性,对教师转化后进生的教育工作有实际性的参考和切实有效的帮助。

12.《从管到不管》

课堂管理艺术和技巧是以学生发展为本的,是教师教学智慧的新表征,是教学实践和经验概括和理性提升,本书所阐述的艺术和技巧是简约的,实用的,可操作的,可借鉴的。教师通过本书的阅读和借鉴,能够在新课程实践探索的道路上,不断更新课堂管理理念,优化课堂管理行为,形成新的教学本领和新的课堂管理艺术,让课堂教学焕发出生命的活力。

13.《把握好教学心理》

为了帮助读者成为"有意识的教师",作者提出了若干问题以引导学生思考和学习,并列举大量课堂实例,作为实践范例。本书鼓励教师去思考学生是如何发展和学习的;鼓励教师在教学之前和教学过程中做出决策;鼓励教师思考如何证明学生正在进行学习、正在迈向成功。本书反映了当前有关的新理论与新进展,所介绍的各种研究结论在课堂实践中得到了验证与应用。该书所倡导的兼收并蓄的均衡教学为教学的专业化发展奠定了基础。

14.《完美的班规》

优秀的班集体需要制订切实可行、行之有效的好班规。本书采用了通俗的创作方法,把死板的道理鲜活化,把教条的写法改变为以案例为主,分析、评点为辅,把最先进的教育理念和方法融入有趣的情境中。经典的案例,情境式的叙述,流畅的语言,充满感情的评述,发人深省的剖析,娓娓道来、深入浅出,让教师更充分地领会先进、有效的教育方法。

15.《让问题学生不再成问题》

班级里总有那么些学生:有的顶撞老师,经常迟到;有的迷恋网络,偷拿钱物,早恋;有的对同学暴力相向,甚至离家出走;教师在他们身上花费很多精力,然而收效甚微。教育这些学生,需要耐心,更需要教育的智慧。

本书是一部针对这一现象为教师提供方法的教育研究专著,也是一部关于问题学生的教育学通俗读物。本书以教师最头痛的问题学生为突破口,努力在这个问题上把智慧型教育理论化、具体化、可操作化,且适当规范化。这既是教育问题学生的一本"医书",也是教师科学思维方式的培训教材。

16.《消除师生间的鸿沟》

本书在编写中,尽力以轻松的笔调来"海阔天空"地谈论教育中的师生关系这一敏感问题,以求能让读者在阅读中有快乐、有启发、有思辨。本书每一篇章采用夹叙夹议的编写风格,叙述的是事例,议论的是道理。为了最终能让读者更广泛、更深刻地明白教育道理,本书一般通过"生活事例——生活道理——教育道理——教育案例"这种内外结合、纵横交错的行文方式,实现"顺理成章"的阅读品质。

17.《用活动管理班级》

随着社会和教育的发展,我们对班级的认识也经历着一个相应的发展历程。班主任的角色定位与对班级性质的认识应该是相匹配的。班级活动作为班级功能主要的承载体,在功能、形式和内容上同样需要在新课程背景下重新定位。本书紧扣班主任专业化发展这一核心理念,从班主任实际工作需要出发,由案例导入理论问题,又理论联系实践,突出案例教学与活动的组织和设计;不仅贯彻教育部提出的针对性、实效性、创新性、操作性等原则,而且便于进行系统、有选择性的培训。

18.《学生奖惩艺术》

现在的学校普遍提倡激励教育,少用惩罚性处罚手段,认为处罚只能打击学生的自尊心,使学生丧失上进和改正缺点的动力。但是,激励不是万能的。教育不能没有处罚,没有处罚的教育是不完整的教育。本书针对教师如何奖励和处罚学生进行了系统而深入的分析和探讨,并提出了解决这一问题的新思路、可供实际操作的新方案,内容翔实,个案丰富,对中小学教师颇有启发意义。本书体例科学,内容生动活泼,语言简洁明快,针对性强,具有很强的系统性、实用性、实践性和指导性。

19.《永葆教育激情》

谁偷走了中小学教师的激情?生命中不能承受之重对教师起到了什么影响?教师职业倦怠的原因在哪里?克服倦怠的具体行动有哪些?如何正确认识和驾驭工作压力?……这些问题就是本书要为你回答的。本书对教师的职业倦怠进行了系统而深入的分析和探讨,并提出了解决这一问题的新思路、可供实际操作的新方案,内容翔实,教案丰富,对中小学教师颇有启发意义。

20.《超级班级管理法》

班级管理是门艺术,大凡艺术殿堂的攀登,都需要自觉的奉献;班级管理又是门科学,涉及科学领域的探索,必依赖智慧的涌动。本书是多位优秀班主任集思广益、辛勤笔耕的结晶。一是实用性,所选的问题都来自班主任的实际工作,容易引起班主任的同感。二是可操作性,提出的应对方法都简便易行。三是时代性,所选问题与当前课程改革,与学生实际相结合具有浓厚的时代气息。

由于时间、经验的关系,本书在编写等方面,必定存在不足和错误之处,衷心希望各界读者、一线教师及教育界人士批评指正。

编者

C目 录
ONTENTS

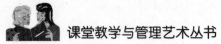

第一章

教学设计的基本要求

课堂教学设计是高效教学的关键

课堂教学设计，是一堂理想课诞生的前提。新课程追求的理想课堂要变成现实，要求教师就必须依据课堂教学设计的标准和模式，科学合理地写出具有创新性的优秀的教学设计，从而使课堂教学达到最佳效果，提高教学质量。

课堂是一个学习的课堂，也是一个生命的课堂，需要我们教师去激活。而激活的关键则在于教师要有全面严密的预设，也就是要做好课堂教学设计。

那么，什么是课堂教学设计呢？

要弄清楚什么是课堂教学设计，必须先了解什么是教学、什么是设计、什么是教学设计。

加涅和布里格斯等人曾为教学下过定义："教学可以被看成是一系列精心安排的外部事件，这些经过设计的外部事件是为了支持内部的学习过程。"通过此定义不难看出，教学是为了使学生学习更有效而采取的有目的、有计划地安排学习经历的过程。教学的目的在于使学生掌握新知识，获得新技能，形成新学习态度，从而使智力得到开发。因此，目的性、组织性和计划性是教学活动的重要特点。

可以说，教学是一项有目标的活动。

"设计"一词在《现代汉语词典》中的解释是："设计是在正式做某项工作之前，根据一定的目的要求，预先制定方法、图样等。"所谓设计就是指为解决某问题，在开发某事物或实施某方案前所采取的系统化计划过程。为达到预期目标、获得理想效果，在进行任何一项有目的的活动前，必须对其进行设计。设计注重的是规划和组织，确切地说，设计就是为实现某一目标所进行的决策活动。

从教学和设计的角度看，教学设计就是为了使学生实现有效的学习而预先对教学所进行的决策活动。

可以说，为促进学习和绩效提高，分析、计划、实施、评价、修改教学系统中诸要素的系统过程称之为教学设计。

而且，教学设计是在教学理论、媒体技术、系统观以及哲学及艺术等多个理论的替换和交融中统一和发展起来的。从对国内外已出版的教学设计著作和已发表的文章的比较分析中可以发现，人们更多的是通过不同角度、不同侧面来界定教学设计的概念，大体可以分为以下三个方面：

一、方法说

方法说主要强调教学设计的目标、功能以及意义，把教学设计看作是一种"研究教学系统、教学过程和制定教学计划的系统方法"。

如赖格卢特认为："教学设计是一门涉及理解与改进教学过程的学科。任何设计活动的宗旨都是为了提出达到预期目的的最优途径，因此，教学设计主要是关于提出最优教学方法处方的一门学科，这些最优的教学方法能使学生的知识和技能发生预期的变化。"

二、技术说

技术说是通过揭示教学设计本质来界定其概念。

代表人物有我国的鲍嵘，他认为，教学设计是一种"旨在促进教学活动程序化、精确化和合理化的现代教学技术"。

而梅瑞尔（Merrill）等人在《教学设计新宣言》中对教学设计所下的定义为："教学是一门科学，而教学设计是建立在这一科学基础上的技术，因而教学设计也可以被认为是科学型的技术（science-based technology）。"因此，技术说更加着重于对于教学实际问题的处理方式。

以上关于教学设计的界定主要揭示了以下几个方面的内容：

第一，教学设计的工作对象是由教学目标、教师、学生、教学内容、教学媒体构成的教学系统，工作内容是对这些要素之间的关系和相互作用给出符合教学目标的安排。

第二，教学设计的科学性表现在设计活动需要建立在人类对教学的理性研究基础上。所以教学设计的科学化程度，取决于所依据的基础理论对学习和教学规律的揭示程度。作为教学技术，教学设计和其他辩学技术一样，其实践意义在于应用科学原理提高工作效果和效率。

第三，教学设计的研究方法是将学习心理学的基础理论，系统地应用于解决实际教学问题的教学技术。作为一种应用技术，教学设计是连接基础理论与实践的可操作的桥梁。这表现为教学设计对教学问题的表征和分析，都建立在反映学生是如何学习的科学规律之上，而且对教学系统的设计安排都将以相应的教学理论为依据。在这些基础理论的支持下，最终实现以发展学生的能力和素质为总目标的优化的系统功能。

三、过程规划说

这种学说也曾被一些学者称为形态描述学说。它主要通过系统论的观点，将教学设计作为一个整体的过程或规划来描述。

这种论点的代表人物有美国学者肯普，他将教学设计定义为："运用系统方法分析研究教学过程中相互联系的各部分的问题和需求，在连续模式中确立解决它们的方法步骤，然后评价教学成果的系统计划过程。"

史密斯和雷根曾对教学设计所下的定义是："教学设计是指运用系统方法，将学习理论与教学理论的原理转换成对教学资料和教学活动的具体计划的系统化过程。"

加涅对教学设计的定义是："计划教学系统的系统过程，称之为教学设计。"

我国学者乌美娜教授给教学设计下的定义是："教学设计是运用系统方法分析教学问题和确定教学目标，建立解决教学问题的策略方案、试行解决方案、评价试行结果和对方案进行修改的过程。"

目前，这种过程规划学说对我国的中小学教育影响最为深广。

本书也正是依据过程规划说来做好课堂教学设计的。

课堂教学设计是指课堂教学的设想和计划，即在课堂教学工作开始之前教学的预谋和策划。一般需要根据课程的目标体系，选择恰当的教学策略，制定课堂教学过程结构方案，并进行教学实施，作出评价和修改。需要说明的一点是，课堂教学设计与常规教学方案有两个质的区别：一是需要突出"学"的人文理性，表达出强烈人性化的特点；二是充分发挥现代教育设备的技术特点，以充分实现高科技条件下的物化优势，从而提高教与学的两个方面的效益。

课堂教学是教学工作的主要形式，在课堂教学设计过程中，既要注重知识、方法和能力的关系，又要突出能力的地位和作用。

由于教学过程是整个教育活动的关键，所以课堂教学设计起着至关重要的作用。

课堂教学设计实际上是对整个教学过程的各项工作做一个规划。如教学目标编制，教学资源的开发和利用，教学重点、难点的确定，教学方法与手段的筹划等等。有了整体规划，教学工作就会有条不紊地进行。

在做教学总体设计时，教师通过思考、预测教材内容、学习环境、教师的行为可能引起的效果，以及学生可能做出的反应，借助于想像在头脑中拟定操作蓝图，以期提前完成教学准备工作的目的。

教师要根据教材和学生实际去设计独特和有个性的教学方案，从而使课堂教学常教常新。

在新课程的教学改革大潮中，教师做好课堂教学设计是落实新课程改革的关键：

1. 落实课程标准，深入课改的需要

备课是课改的切入点和突破口，那么教师要想走进新课改，首先要把课标的理念融会在教学设计之中，从教学设计中去体现课标精神。只有教师把课标精神落实在目标设计、内容优化及教学组织活动的各个方面，新课程才有可能得以实施。否则，教师学习课标是一回事，备课又是一回事，教学设计还是老路子。那么，走进新课程就是一句空话。

课改以后，许多教师的教学仍然是老一套路，与其说课堂没有突破，不如说没有教学设计的突破。所以，教师首先必须改变传统的备课方式，要从浅层次的编写教案进入深层次的教学设计，这是课改的必然需求。

名师的教学经验告诉我们，教学确实是需要设计的，它就像建筑房屋一样，没有设计、构架，怎能施工？设计的优劣直接关系到质量的高低。

2. 提高课堂效率和质量的需要

不重视课堂教学设计或不善于课堂教学设计，目前在中小学并非个别现象。如有的课堂教学缺乏总体设计，粗糙而简单，无序而重复，因此，教学时间用得多，精力用得多，而收效甚微。这也是造成教学质量低、负担重的一个重要原因。

要想提高课堂教学效率和提高课堂教学质量，就要加强教师的课堂教学设计和提高教师的课堂教学设计能力。这样才能使学生用较少的学习时间而取得较大的学习效益。正如一位特级教师所说："在进行课堂教学之前，精心设计教学方案极为重要。设计得巧妙与否，直接关系到课堂教学的简与繁、易与难、顺畅与阻塞、生动与枯燥。简言之，就是关系到教学的成功与失败。"当前抓教师课堂教学设计刻不容缓。

3. 提高教师教学能力的需要

教学设计能力，既是教师的一种综合教学能力，又是一种创新能力，它在教师教学能力中居于核心地位。因为设计教学的过程，既体现了教师的教育思想，又反映了教师驾驭教材和处理教材的能力和创新思想。教师只有有了这种能力，教师工作才能上层次、上水平，才能积极地进行教学改革。

也许有人会说，课改提倡个性化，而不能模式化。研究教学设计，是不是会束缚教师，影响教师创造力的发挥呢？

诚然，教学是一种创造性的劳动，它不可能是一个固定的模式。由于人与人学识不同、阅历不同、性格不同、所处的环境不同，自然教学特点和风格也会不同，即使同一位教师，面对不同的学生群、不同的文本、不同的教学要求，也不会采用一成不变的教学方法。

但是教学无"定法"，并不等于没有"法"，教学不能模式化，并非等于没有各种"思路"；教学提倡个性，并不等于教学无规律。我们所研究的教学设计的方法、策略、技术是一种基本性的规律。关键是教师应结合学科实际及个人实际，兼收并蓄，灵活运用，取长补短，并非要求教师机械地编写教案。

不打无准备之战

凡是预则立、不预则废，要焕发课堂教学的活力，期盼课堂教学灵动的动态生成，做好课堂教学设计是十分有必要的。我们看看《围城》中的这个故事：

方鸿渐对论理学缺乏研究，手边又没有参考，虽然努力准备，并不感觉兴趣。这些学生来上他的课压根儿为了学分。鸿渐老觉得班上的学生不把听讲当作一回事儿。在这种氛围之下，讲书不会有劲。更可恨论理学开头最枯燥无味，要讲到三段论法，才可以穿插点缀些笑话，暂时还无法迎合心理。

此外自以为预备的材料很充分，到上课才发现自己讲得收缩不住地快，笔记上已经差不多了，下课铃还有好一会才打。一片无话可说的空白时间，像白漫漫一片水，直向开足马达的汽车迎上来，望着发急而又无处躲避。心慌意乱中找出话来支扯，说不上几句又完了，偷眼看手表，只拖了半分钟。这时候，身上发热，脸上发红，讲话开始口吃，觉得学生都在暗笑。有一次，简直像挨饿几天的人服了泻药，什么话也挤不出，只好早退课一刻钟。跟辛楣谈起，知道他也有此感，说毕竟初教书人没经验。辛楣还说："现在才明白为什么外国人要说'杀时间'（kill time），打下课铃以前那几分钟的难过！真恨不能把它一刀两段。"鸿渐最近发明一个方法，虽然不能一下子杀死时间，至少使它受些致命伤。他动不动就写黑板，黑板上写一个字要嘴里讲十个字那些时间。满脸满手白粉，胳膊酸半天，这都值得，至少以后不会早退。不过这些学生做笔记不大上劲，往往他讲得十分费力，有几个人坐着一字不写，他眼睛威胁地注视着，他们才懒洋洋把笔在本子上画字。鸿渐瞧了生气，想自己总不至于比李梅亭糟，何以隔壁李梅亭的"秦汉社会风俗史"班上，学生笑声不绝，自己的班上这样无精打采。他想自己在学校读书的时候，也不算坏学生，何以教书这样不出色。难道教书跟作诗一样，需要"别才"不成？只懊悔留学外国，没混个专家的头衔回来，可以声威显赫，开藏有洋老师演讲的全部笔记秘本的课程，不必像现在帮闲打杂，承办人家剩下来的科目。不过李梅亭这些人都是教授有年，有现成讲义的。自己毫无经验，更无准备，教的功课又并非出自愿，要参考也没有书，当然教不好。

《围城》中的方鸿渐，可以说是名失败的老师，先不说学生，就是他自己都不满意，对自己的教学工作没有做好充分的准备，匆促上阵，无怪乎会出现这样的结果。

教学设计是对教学活动的预先规划和准备，教师有充足的时间对整个教学过程进行周密计划，反复检查。因此，与在真实的课堂情境中相比，教师在教学设计阶段更容易掌握和控制各种教学要素，能够做到发现错误及时修改，从而使教师在实际教学过程中出现失误的可能性降到最低程度。而教学活动是一个动态的过程，如果对教学过程进行科学的设计，就能减少教学中的盲目性和随意性，以求达到教学活动的预期目的。下面我们来看郭初阳老师《珍珠鸟》教学实录片段：

师：小鸟离人越来越近的时候，它离笼子越来越远。想起一首歌，不知道大家有没有听过。

（播放《囚鸟》片段）：我是被你囚禁的鸟，早已忘了天有多高。如果离开你给我的小小城堡，不知还有谁能依靠？

师：再听一遍——我是被你囚禁的鸟，早已忘了天有多高。如果离开你给我的小小城堡，不知还有谁能依靠？

师："笼子"问题，我是被囚禁的鸟。这节课就来探讨一下笼子问题。

两个问题：第一，珍珠鸟的笼子，到底具有怎么样的特点？第二，小鸟是否真的离开了笼子？带着两个问题，重读课文，一分钟以后，我请同学来回答。

……

师：是不是所有的人对待鸟儿，都是和作者冯骥才一样的态度？可能会不一样。下面我们比较一下筱敏《鸟儿中的理想主义》和冯骥才《珍珠鸟》。继续探讨，第一，根据筱敏《鸟儿中的理想主义》中的分类，在笼中的鸟，可以分哪三类？珍珠鸟属于哪一类？第二，对于鸟儿的情感态度和看法，冯骥才和筱敏有什么不同？两个人的看法好像不一样。两分钟比较阅读，比一比，想一想。拿起你的笔。关键的地方，圈划一下。

……

师：我们来看一个片段，希区柯克1963年拍摄的一个片子，叫作《群鸟》，一个悬念大师。在看的时候，不要忘记思考两个概念：第一，力量问题，谁更有力量。第二，笼子问题，在这个影片里面，有没有笼子？

……

师：那索性呆在笼子里吧。不要出去，爸爸妈妈也是这么想，是吧？外面太危险。（示意）请坐。

师：我们顺着这位同学的思路继续往下走，说得太好了，让人想起，文学史上几篇非常经典的东西。

师：一篇是著名的小说，伏契克《绞刑架下的报告》：

从门口到窗户七步，从窗户到门口七步。

这我知道。

在庞克拉茨监狱的这段松木地板上，我来回踱过不知多少次了……在人类走向进步的路上已经经历了几千座牢房呢？还要再经历几千座牢房呢？啊，聂鲁达的耶稣圣婴。"人类得救的道路茫茫。"但是人类已不再沉睡了，不再沉睡了。

走过去是七步，走回来也是七步……

师：好，这是一个；第二个《象棋的故事》，这篇小说我强烈推荐，大家有空可以去看一看，茨威格的小说。里面写到一个天才，他被纳粹抓到牢里面去了，很无聊，很空虚，然后他得到了一本象棋棋谱，每天自己看。后来左手和右手下棋，就像周伯通一样，左右互搏。出来以后和一个象棋冠军下棋，但下着下着下着，这个被囚禁过的象棋天才，他突然出现了这样的景象，茨威格进行了这样的描写：

谁也没有像我这样焦急不安。因为我注意到，他的步子尽管很急，可总是在一定的范围内来回，就仿佛他在这个空荡荡的房间里每次都碰到一堵看不见的墙，迫使他转身往回走。

我汗毛直竖地发现，他这样走来走去不知不觉中划出了他从前囚室的大小：在他囚禁的那几个月里，他一定恰好也是这样……

他来回地走，但是空气中仿佛有一堵墙，走来走去，阻挡在那里。

师：这又是一个，再看，电影《肖申克的救赎》，也叫《刺激1995》，非常精彩，是根据斯蒂芬·金的小说改变的。里面有个人物，叫老布，老布被关了一辈子，后来年纪大了，被放出去了，放出去以后，他就自杀了，他不想离开监狱。然后，监狱里面的朋友评价他，说了这么一句话："老布没疯，他只是体制化了。起先你恨它，后来你习惯，到后来你不能没有它……"

看文中这句话，"我不管它。这样久了，打开窗子，它最多只在窗框上站一会儿，决不飞出去"。我们把这段话再读一遍！

……

师：我们一起来朗读一下这首诗，好吗？司马光《放鹦鹉》，第二句不要读错，是"笼樊"。

生：（齐读）野性思归久，笼樊今始开。虽知主愚重，何日肯重来！

师：再也不回来了，我才不要回来呢。我宁可飞到我的天空中去……请注意这个字——"主"。

主人，文章中把小鸟当成小小的宠物。

师：那么，冯骥才他怎么会写这篇文章的？他难道不知道这样做不好吗？他反而觉得这样很好。冯骥才其实是很好的一个作家，做了很多事情。

我正在进行民间文化遗产抢救工程，一方面是用传统方式采风和文字记录，另一方面是用视觉人类学的方式，对民间文学进行调查，记录文学、歌谣、谚语，把它们拍成照片，用当地口音记录，这样我们的后代才有可能知道民间文化原本是什么样，预计要花十多年才能完成。

2004 年

这些向我诉说"文革"经历者，都与我素不相识。他们听说我要为他们记载"文革"经历，急忙设法找到我……在那场人间相互戕害而失去了相互信任之后，我为得到这样无戒备无保留的信赖而深感欣慰。

1986 年

我把 1996 年称为自己的"沙漠年"……你只要为它去做，得到的就一定比付出的多得多。这便是敦煌。还有，只有真正写过敦煌，才会最深刻地感受到敦煌。

1996 年

他写过敦煌，然后最近在保护文物，在写《珍珠鸟》的相同的年代，他写了一本书叫作《一百个人的十年》。

今天因为时间关系，大家可以课外再去阅读一下，来思考，冯骥才他为什么会写这么一篇文章？他为什么会欣赏这个笼子？他为什么会欣赏这笼子里的小鸟？非常怪。也许你可以在这本书里面找到答案——《一百个人的十年》。下课！

课堂教学，过去是，当今依然是教育的重要阵地。方鸿渐的课之所以失败，郭初阳的课之所以成功，关键在于是否做好课堂教学环节的设计。无论做什么事，事先有准备，就能得到成功，不然就会失败。课堂教学设计也一样，教师只有在教学设计上下足功夫，认真钻研教材，仔细设计教学环节，才能有精彩的课堂出现。

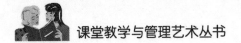

课堂教学设计的标准

一、教学结构合理

教学结构指组成一节课的各个教学环节以及各环节所占用的时间和各环节之间的顺序及其衔接方式。这里教学结构合理是指在课堂教学中，学生积极、主动、有效参与教学活动的时间最多，教师单边活动的时间最少，而教学质量水平最高。

1. 教学设计要突出学生活动时间

教学是多边活动，也是多向传递活动。学生是主体，是教学中最活跃的动态要素，是教学质量水平的最终体现者。因此，教学中必须以学生活动为主，在课时安排允许的前提下，必须给学生最多的活动时间，让他们最充分地表现自己、完善自己、创造自己。每节课的时间是固定的，但各教学环节和各要素所占的时间权重是相对的。从优化教学过程的角度讲，学生所占用的活动时间越长越好。因此，有人提出课堂上教师与学生的活动时间比例为3：7，还有人提出2：8，以充分保证学生独立自主学习的时间。其实，学生活动时间未必一定要用特别具体的量化标准来约定，因为不同教师的不同课程都有各自的不同特点，不同的教学设计有其不同的时间要求。从现代教学论的角度看，只要是教师的教学设计能牢牢把握住学生活动时间最多的尺度与合理的时间分配即可。

教学设计如何才能突出学生活动时间？设计时侧重考虑以下三点：

（1）在全部教学过程中，设计学生活动环节最多；

（2）在每一个学习活动环节中，设计学生参与的时间最多；

（3）在学生的参与过程中，设计学生积极思考的时间最多。

2. 教学设计要突出激发学生学习动力的内容

教学设计水平的重要标志之一就是看能不能设计出让学生积极主动学习的方案。为什么在教学设计时把学生的积极主动学习看得那么重要？因为它决定一节课的教学效果。没有学生的主动学习是徒有形式的学习，是事倍功半的学习，是不成功的学习。主动，就是迫切、亟待、如饥似渴。主动就能使学生把学习当成第一需要，把活动当成一种享受，把参与当成最高追求。主动能产生激情，主动能开动机体各部器官的积极活动。无论是注意、记忆、观察，还是想象、思维、创造；无论是情感、自信还是意志、勤奋，都能因主动而高速运转、协调匹配。

教学设计如何才能激发学生学习动力？

设计学生主动质疑的内容。学起于思，思源于疑。学生的学习贵在生疑。疑能引起学生的定向探究反射，能促进思维积极活动。所以，教师应当创设让学生提出问题的氛围，提出那些学生暂时不懂的问题，提出那些有怀疑的问题，提出那些有创建性的问题。

设计学生积极研讨的内容。研讨是学生学习活动的重要形式。它可以使学生各抒己见，切磋问题，它可以使师生合作、教学相长。因此，教学设计应当尽量多地增加这样的环节。

设计让学生积极动手的内容。动手能力是学生应该习得的基本技能。动手能力的培养也是开发心智的有效途径。因为"心灵"才能"手巧"，"手巧"才能"心灵"。教学中应尽量多地设计安排学生的动手活动，活动的难度要适中，活动的范围要广泛。

3. 教学设计要减少教师讲授的时间

传统教学论认为，教师是课堂教学的中心，因此教师占用的时间越多越好，教师要"讲深、讲透、讲彻底"。现代教学论主张教师用时最少，教学质量最高，这是最优的教学结构。

教学设计如何才能减少教师讲授时间？

（1）多设计点拨，少设计讲解。

教师的讲解是必要的，但切忌设计出"满堂灌"的讲解方案。教学方案中要尽量多地设计教师的点拨。真正有效的点拨，能使学生将"已知"和"未知"建立联系，能让学生开启一个崭新的视角。设计教师用启发性、刺激性的语言去点拨，力争通过简捷的信号刺激，在学生的思维中产生比较强烈的反应。

（2）多设计"情境"，少设计"平静"。

教师主导作用的重要表现是课堂上能否为学生创设多种有利于学生学习的"情境"。"情境"通常有"愉悦情境"、"直观情境"、"愤悱情境"、"合作情境"、"创造情境"、"探索情境"、"实践情境"等等。因此教学设计要在多种教学"情境"上下功夫。不同"情境"有不同作用，为完成某个任务，为达到某个目的，一定针对要解决的问题设计不同的情境。教学设计切不可一味追求课堂的"平静"、"安静"、"肃静",更不能设计压抑课堂教学气氛、限制学生参与教学活动的方案。

（3）多设计"一举几得"的问题，少设计"几举一得"的问题。

设计教学的每一个步骤、每一个活动，都不能仅仅为了实现某一项目标、完成某一项任务。教学设计应当是，学生做一件事情却能有多方面的收获。在"应试"教学中，教师设计的每一件事，都是为了完成唯一的任务，达到唯一的目的——应试，这种做法是劳民伤财的"多举一得"。素质教育批判这种"唯知识"的教学思想并否定片面追求升学率的做法。因此，教学设计必须是多线索、多方位、多效果地设计教学，即设计出在一项教学活动中，学生却能一举多得，既能学知识，又能全面发展的好方案。

二、教学容量饱满

教学容量是指在一节课的教学中，向学生实施素质教育所涉及的素质元的总量。"素质元"是指构成人的素质结构的基本单位。教学容量越大，即教学设计中涉及的素质元的数量就越多。教学容量最大并不是大到无边无际，也不是教师可以随心所欲。确定极限的唯一根据就是学生的"最近发展区"，教学容量最大要以学生能否接受为前提。以往教学仅仅强调知识素质提高或者以发展知识素质为主线，少量涉及能力素质。这样的教学不是素质教学，它也不能达到教学的饱满容量。教师在设计一节课的教学容量时，把握在能达到的前提下，教学容量设计得越大越好。也就是说，在一节课的教学中，既要使学生提高文化科学素质，又能进行思想道德教育；既能培养智能素质，又能发展非智力因素，即多种素质发展集一节课教学之中。

教学设计如何才能达到教学容量最大？

一是设计时，素质元的广度适中、深度适中和素质发展水平的定位适中。素质元的广度是指一节课中所能涉猎的社会性素质、心理素质、生理素质以及专业性素质的量。广度适中即面向全体学生，教师严格把握住"量"的多少。深度是指某一素质元，教师要求学生理解、掌握、应用的程度。深度适中即为深度合适。素质发展水平的定位是指课的教学容量，要根据全班学生的总体发展水平来确定。定位适中即为教学容量不能偏高，也不能偏低，要适合于全班绝大多数学生。

二是设计时，教师有效把握知识的框架结构，有效突出智能因素发展，有效激发非智能因素，有效渗透思想品德教育。设计时，教师要把握住本节课知识的最基本的结构框架，要把握住显性和隐性的智能因素，要把握住非智能因素和思想品德要素。当然，教师还要特别注意设计那些对学生发展至关重要的、终身受益的关键环节。

三、学生负担较轻

应试教育造成的严重后果之一，就是学生负担过重。不单纯是课业负担重，更可怕的是，心理负担太重。

学生心理负担过重。学校本来是青少年学生长知识、长能力、长身体的地方，本来是同龄群体欢聚一堂、欢声笑语、轻歌曼舞的地方，但在应试教育的影响下，学校变成了学生的"地狱"、"牢房"，成为学生最不愿去的地方。他们害怕教师的冷眼和威严，他们恐惧教师的讥讽和训斥，他们更痛恨自尊心难以承受的教师的"体罚"和"语罚"。虽然不是所有的教师都如此，但这样的教师也屡见不鲜。

学生课业负担过重。虽然片面追求升学率受到批判，应试教育受到抨击，但教师、学校、家庭、社会仍然把"分数"、"升学"炒得火热，虽然人们的口头上或舆论界不断地批评"应试教育"，但没有真正摆脱其影响，学生的课业负担"不减当年"。教师仍把学生视为"学习机器"和"知识仓库"，不停地开机，一味地灌输。"题海战术"、"疲劳战术"仍是当前教师的崇尚策略。据调查，多数初中、高中毕业生每天学习时间超过14小时，一些学校的小学生也要多达10小时。这种超负荷的高压教育实际是一种摧残教育，是一种学生不愿接受但又不得不接受的失败教育。

教学设计如何才能使学生负担较轻?

（1）在教学的全部设计中，没有给学生造成心理压力的任何内容；

（2）在教学的全部设计中，给学生留作业的质量要高，总量要适中；

（3）在教学的全部设计中，节假日、双休日不留或少留家庭作业。

总之，在贯彻新的课程理念、执行新的课程标准中，课堂教学是关键，所以课堂教学设计应从学生实际出发，创设有助于学生自主学习的问题情景、实际情景及活动情景，向学生提供充分从事学科活动的机会，帮助他们在自主探索和合作交流的过程中真正理解和掌握基本的知识与技能、学科思想和方法，获得有效的学科活动经验。

课堂教学设计的模式

由于课堂教学设计是以课堂教学为中心的教学设计过程，具备了教师、学生、课程计划、设施和资源等要素，设计的目标是解决教师在这些条件下如何做好教学工作，完成预期的教学目标。教师为了改进教学，提高教学质量，通常设计的重点是选用合适的教学策略，选择、改编和应用已有的媒体，而不是从头开发。下面先介绍两个具体的课堂教学设计过程的模式，然后再介绍教学设计过程的一般模式。

一、格拉奇和伊利模式与肯普模式

（一）格拉奇和伊利模式

这个设计过程的模式从一开始便强调确定教学内容和阐明教学目标之间的交互作用；然后根据目标、内容对学习者的初始能力进行评定；在此基础上再确定教学策略，安排教学组织形式，分配时间和空间以及选择合适的已有的教学资源。模式中将这五方面并列起来，是为了表明它们之间的相互联系和相互制约。从程序上看，它表明设计过程有四个环节：目标、学习者、策略和评价。关于对学生行为的评价，一方面要以目标为标准进行评价；另一方面评价提供了关于教学效果的反馈，从而可以对模式中所有步骤重新审查，特别是检验目标和策略方面。这个模式的优点是执行教师可以很容易借助模式描述的过程来识别和确定自己的任务。缺点是它可能无意识地强化教师和管理人员保持现存的组织结构和职员配备，而不会去重新检查整个学校的运行基础。

（二）肯普模式

肯普（Kemp）在他的早期模式设计中，是用线条把各个要素顺时针连接起来。但在后来的研究与实践中，他看到教师和设计人员所面临的教学问题与实际情况并不是完全按照他所制定的顺序来进行设计，因此他对原模式作了改进，提出了十个要素构成的椭圆结构模式。

这个模式的主要特点是：

（1）强调了十个要素间的相互联系与相互作用，一个要素采取的

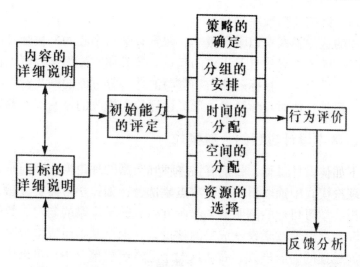

决策会影响其他要素的决策;

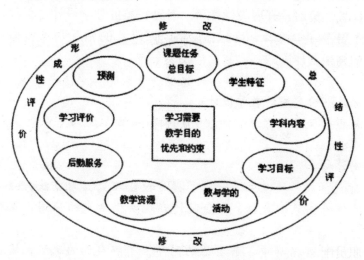

（2）要素之间没有线条连接，表明在有些情况下也可以不考虑某一要素;

（3）学习需要和学习目的在这个环境结构的中心，说明它是教学设计的依据与归宿，各要素都要围绕它来进行设计;

（4）表明教学设计是一个连续过程，评价和修改作为一个不断的活动与其他要素相联系;

（5）教学设计是一个灵活的过程，可以按照实际情况从任何地方开始，并可以按任何顺序进行。

肯普的这一模式是以学科教学、课堂教学为中心的，教师可以根据实际情况在模式中寻找自己工作的起点，按具体需要编排顺序。在他的著作中对学科内容、目标的确定和资源的选择等方面的阐述对教师很有吸引力。但是，他对教学活动、形成性评价和修改的说明都不够详细。

二、教学设计过程的一般模式

关于教学设计过程，目前有许多不同类型的理论模式。但是，可以从各种理论模式中抽取出一些基本组成部分，如：学习需要分析、学习内容分析、学习目标的阐明、学习者分析、教学策略的制定、教学媒体的选择和利用以及教学设计成果的评价。这七个基本组成部分可以构成教学设计过程的一般模式，而从这七个基本组成部分中还可以进一步抽取出以下四个最基本的环节（或要素）：分析教学对象、制定教学目标、选择教学策略、开展教学评价。各种完整的教学设计过程都是在这四个基本要素（学习者、目标、策略、评价）的相互联系和相互制约所形成的构架上建立的。

下面是一份完整的教学设计：

苏教版《义务教育课程标准实验教科书数学》四年级（上册）第84~85页。

活动目标：

1. 通过活动，使学生进一步掌握分段整理数据的方法，会用统计表和条形统计图表示数据，体会统计在现实生活中的应用，发展统计观念。

2. 使学生在活动中了解自己的同学，了解自己的班级，培养关心他人、关心集体的思想意识，体会合作的意义，感受集体的力量。

活动准备：

学生已有的《成长档案》，成长记录项目包括：学号、出生年月、身高、体重、个人爱好、个人愿望等基本情况。

活动过程：

一、"了解谁"——产生统计需要

出示本班学生变动情况统计表：

	上学期末	本学期转入	本学期转出
人数	42	5	1

从这张表中，你知道了什么？（学生自由发言）

小结：从表中我们可以知道，新学期我们班转进来5位新同学，转走了1位同学，46位同学组成了一个新的班集体。在这个大家庭中我们要互相帮助，团结友爱。（放背景音乐：《相亲相爱一家人》）你们是否了解自己班里每一位同学的一些个人情况呢？（板书：了解谁）

此份设计表从班级学生人数的变动谈起，创设"相亲相爱一家人"的情境，引导学生产生了解同学、了解班级的心理需求，为确定统计对象打下深厚的感情基础。

二、"了解什么"——明确统计内容

提问：你们想了解自己班里同学的哪些情况呢？（板书：了解什么）

学生自由发言。可能想到：想了解同学的身高、体重；想了解同学的出生年月；想了解同学的兴趣爱好；想了解同学的家庭成员；想了解同学的家务劳动等情况。（板书：身高、体重、年龄、生日、兴趣……）

引导：同学们想了解的内容真多！今天这节课我们就来"了解我们自己"。（板书课题：了解我们自己）让我们先了解班级同学的身高、体重、年龄、生日、参加兴趣小组等情况，好吗？（"我们"加横线，下面板书：班级）

确定统计对象后，需要细化统计内容。教师通过让学生自由发言，释放学生基于生活的"人之常情"，然后与学生协商，缩小研究范围，过渡到本节课的活动内容——"了解我们自己"，使学生经历统计内容的产生过程。

三、"怎样了解"——确定统计方法

1. 讨论收集数据的方法。

小组讨论：要统计这些内容，应该怎样了解，怎样收集这几方面的数据呢？（板书：怎样了解：收集数据）

全班交流，教师随机介绍一些收集数据的方法。（板书：个人了解、小组收集、查阅档案、问卷调查……）

2. 分工合作收集数据。

要求：为了便于同学们进行统计，我们采用分类统计的形式，把身高、体重归为第一类统计内容，把生日、年龄、兴趣小组归为第二类统计内容。（板书：第一类，第二类）每个小组在两大类中各选一个统计内容开展统计活动。（教师协调各小组选择的内容）

小组分工：4人负责收集数据，1人负责汇总，1人负责校对监督。（板书：分工合作）

学生分小组收集、整理数据，教师巡视，随机指导学生进行组织合作，组织相同研究内容的小组开展交流活动。

汇报：你们小组收集的是哪一方面的数据？请把你们收集的数据展示给大家。

提问：收集好数据，接下来该做什么？（板书：怎样呈现：统计表，统计图）

收集数据对于保证统计结果的正确性具有重要的意义。在收集数据方法的处理上，让学生根据实际情况充分利用人力资源（例如小组合作与交流）和环境资源（例如学生已有的《成长档案》），从而体现方法的多样化。在统计内容的分配上，采用分类统计的形式，避免同一类型（统计表或统计图）的统计内容学生多次重复，从而使每个学生都有机会巩固分段整理数据和制作条形统计图的方法。

四、"了解后怎样呈现"——制作统计图表

1. 讨论统计图表的分段方法。

找出范围：从刚才小组的汇总中，你知道我们全班同学的身高范围了吗？

分段整理：根据最大数与最小数之间的差距，你认为身高怎样分段比较合理？其余统计项目呢？

2. 各小组合作完成统计表与统计图的制作。

3. 小组汇报与相互评价。

4. 小结：通过刚才的统计活动，大家已经了解了我们自己，说说你了解了些什么？了解了我们自己这么多的情况，有什么用呢？（板

书：有什么用处）（学生自由回答）

根据数据特点将数据进行合理分段是分段整理数据的难点。教师充分利用集体讨论、小组合作、汇报交流等组织形式，引导学生完成对统计数据的整理过程，让学生灵活运用已有的统计知识完成统计表与统计图。

五、"了解后有什么用处"——知道统计用途

谈话：统计不仅能帮助我们了解自己，还可以帮助别人了解我们，从而解决一些实际问题。

1. 订做校服。

提问：学校要给同学们做校服，应该给服装厂推荐哪一张统计表呢？

追问：是否可以直接推荐这一张身高情况统计表呢？

引导学生联系前面学过的知识，明确应该按照服装行业的统一规定将学生的身高情况按大号（140～149cm）、中号（130～139cm）、小号（120～129cm）重新分段统计。

学生按要求重新分段统计。

2. 最受欢迎的节目。

提问：学校举行艺术节，最受我们班同学欢迎的会是哪一个节目呢？应提供哪张统计表？

学生交流，并说明选择的理由。

统计的最终目的是为了应用。在学生通过统计活动获得需要的相关数据和合适的呈现方式后，教师创设两个生活化的问题情境，让学生根据信息选择统计图表或改造统计图表，体会统计的作用与价值。

六、回顾反思，拓展延伸

总结：通过今天的统计活动，你们有什么收获？

延伸：如果把我们学校的同学都看作"一家人"，你想了解什么呢？（板书：学校）课后，我们可以和自己的伙伴再次合作，收集学校同学的有关数据开展统计活动。

全课以"了解我们自己"为线索贯穿统计知识的复习与实际应用。随着活动的展开和教学的深入，学生从统计班级的课内活动到统计学校的课外活动，"了解我们自己"的范围在不断扩大，"相亲相爱一家人"的内涵在不断丰富，可谓知识与情感双丰收。

这份课堂教学设计很完整，教师创设了具体可感的情景，学生自觉引起应用统计知识来解决身边的生活问题的心理需求，进而在确定统计对象、分析统计内容、讨论统计方法、制作统计图表、感受统计应用等系列实践活动中，主动参与、主动合作、主动交流，全面而深入地体验统计的全过程。另外该教师还进行了教学内容的综合。让学生在制作中比较，在应用中选择，进一步体会统计表与统计图的特征。我们再来看一下邓华阳老师的《克和千克的认识》课堂教学设计案例：

教学目标

1. 在具体的生活情景中，使学生感受并认识质量单位克和千克，初步建立 1 克和 1 千克的质量观念，知道 1 千克 = 1000 克。

2. 使学生知道用秤称物体的方法，能够进行简单的计算。

3. 在建立质量观念的基础上，培养学生估量物体的意识。

教学重点：建立克和千克的质量观念。

教学准备：天平、弹簧秤、小蜗牛、盐、多媒体课件等。

教材分析：学生在生活中都接触过质量问题，但质量单位不像长度单位那样直观、具体，不能用眼睛观察得到，只能用肌肉感觉来感知。为了让学生了解每一个单位的实际有多重，并能够在实际中应用，在教学过程中，通过多让学生看一看、掂一掂、猜一猜、称一称等实践活动，以增加学生对"克"和"千克"的感性认识，帮助学生形成质量观念；又通过计算、称同一物体而得出的两种不同的表示方法，使学生的猜想得到验证，很具体地感知了克和千克之间的进率。在整个新知识的教学中，学生始终怀着饱满的热情，积极地去探索、去体验，主动地建构知识。

教学实录：

（一）在生活情境中探究

师：前几天，同学们随家长去超市购买了一些物品，还收集调查了一些常用物品的质量，我们一起交流一下好吗？

生 1：我妈妈买的牙膏是 30 克。

生2：我买的蛋卷是75克。

生3：火腿肠一根是45克。

生4：我的体重是31千克。

生5：一袋茶叶450克。

生6：一袋大米是25千克。

……

师：同学们说了那么多，你有什么发现吗？

生1：有的后面带"克"，有的是"千克"。

生2：比较轻的都用"克"作单位。比较重的用"千克"作单位。

师：同学们说得非常好，今天我们就一起来研究"克和千克"。

师：要知道我们购买物品的轻重，可以用什么方法？

生：用秤称。

师：我们一起来认识一下几种常用的秤（多媒体课件展示）。

师：你们在什么地方见过这些秤？

生1：在超市买东西用过电子秤。

生2：我跟妈妈买菜时，见过杆秤、盘子秤。

生3：我舅舅卖米用的是磅秤。

生4：我姥爷卖药材用的是天平。

师：同学们见识真广！我们一起来认识一下"天平"。（介绍天平的组成及用法）

（二）在活动中体验感悟

师：今天老师给大家带来了一个小客人，瞧，是什么？

生齐声说：一只小蜗牛。

师：想不想知道它有多重？（学生脸上洋溢着喜悦，齐声说想）

师：那么我们选什么秤来称呢？

生：天平。

（教师示范操作，学生纷纷过来围观）

师：瞧！游码的左端停在刻度几？

生：1。

师：对！这只蜗牛重1克，1克究竟有多重呢？请你们用手掂一掂，然后猜一猜1枚2分硬币有多重？（学生兴趣很高，纷纷掂量、猜测）

生1：1克。

生2：2克。

师：到底是几克呢？请各小组称一称，看看谁估量的最准。

学生进行操作活动，稍后，就有同学"耶！我们猜对了！重1克"。

师：老师真为你们感到高兴！我们一起来掂一掂，感受一下1克的重量，你有什么感受？

同学们异口同声地说：好轻哟！

师：1克真的是好轻。大自然中像这样轻的物体还有很多呢，你能说出生活中大约重1克的物品吗？

生1：一小块橡皮。

生2：2粒黄豆。

生3：1个扣子。

生4：1个小发卡。

生5：两块石子。

生6：马上站起来补充说：必须是小石子，大石子1个就够了。

师：同学们真棒！举了这么多例子。大家桌上有一些物品，请同学们先掂一掂、估一估有多重，然后用天平称一称。（如果多一点或少一点，请你取整数）（学们纷纷称方便面、数学书、文具盒……）

（三）在操作交流中明理

师：请同学们从学具袋中拿出一袋盐，掂一掂、估一估一袋盐有多重？

生1：300克

生2：比300克多，好像是350克。

到底是多少克呢？我们一起来看看质量标注：500克。

师：一袋盐重500克，那两袋呢？

生：1000克。（板书）

师：请同学们再来掂一掂。1000克重的盐。（学生掂量）

师：如果我们再来称一称这两袋盐的重量，用天平合适吗？

生：不行！重了。

师：今天我们还带来了弹簧秤，谁知道弹簧秤的用法？

（学生介绍）

师：来！放进方便袋里称一称，看看！有多重？

生：1千克。（板书）

师：还是这两袋盐，计算得到的是 1000 克，用秤称是 1 千克，你发现了什么？

同学们纷纷站起来，异口同声地说：1000 克等于 1 千克。

师：对！也就是说 1000 个 1 克就是 1 千克。

师：你能从你的材料袋里称出 1 千克重的物品吗？请各小组同学互相合作。（有的称，有的忙添物品，也有的在换物品）

师：大家真棒！请你先掂一掂自己小组称的 1 千克物品，再掂一掂别的重 1 千克的物品。（学生相互传递，掂一掂，感受 1 千克的重量）。

师：掂过了 1 千克的物品，你有什么感受？

生 1：1 千克有点重。

生 2：1 千克的物品拎时间长了胳膊有点酸。

生 3：他们大小不一样，都是一样重。

生 4：都是 1 千克重，但有的物品多一些，有的少一些。

师：为什么呀？

生 4：轻的东西就多一些，重的东西就少一些。

师：你分析的很有道理（竖大拇指）。

师：请各小组同学拿出自己的书包、凳子，先估计一下有多重，再来称一称。（小组活动，并记录下估计的重量和称出的重量。）

（四）在实践活动中巩固应用

1. 多媒体课件出示课本 88 页第一题。

2. 出示健康秤，同学们排队称一称，并记录下自己的体重。

（五）教学总结：说一说你在这一节课中有什么收获。

教后反思：

《数学课程标准》指出：学生的数学学习内容应当是现实的、有意义的，富有挑战性的，这些内容要有利于学生主动地进行观察、实验、猜测、验证、推理与交流。数学活动必须建立在学生的认知发展水平和已有的知识经验基础之上。依据新课标提出的两个基本理念，在教学中，我深深地体会到：

一、用活教材，诱发学习的动机

教材呈现给我们是一个静态的知识，它所创设的情境有些离本地学生的生活实际较远。在备课时，教师要吃透教材的编写意图，创造性地使用教材，创设学生熟悉的生活情境和问题情境。找准"知识的最近生长区"，诱发学生学习的内在动力。在本节课中，我先让学生交流平时购物中的一些发现，学生学会了认识商品的质量标注，从而感受到克和千克的知识是真实的、亲切的，就在我们的生活中，为学生学数学建立了充足的信心。

二、为学生提供"做数学"的机会

传统的教学中，知识形成的过程是由教师讲的。教师的讲授代替了学生的操作与思维，学生无法体验知识的形成过程。

在本节课中，我充分地给学生提供了"做数学"的机会，让学生积极、主动地去建构知识。学生通过掂一掂、猜一猜、称一称的活动，形成了克和千克的表象认识，然后又充分地去掂量、去感受并列举了生活中许多大约重1克的物品。学生通过大量的操作：称一称2分硬币、数学书、1千克重的食盐、书包等，对克与千克的质量观念是越来越清晰，越来越深刻。学生由最初的表象"克很轻"、"1千克有点重"逐步发展到用弹簧秤称物品、估测物品、认识物品的质量，这些生活中的数学不是由教师教的，而是孩子们自己体验到的，并形成了一定的技能，获得了积极的情感体验。

三、拓宽学生体验的自由空间

学生们对克和千克的认识如果仅仅停留在"1个2分硬币重1克"、"两袋盐重1千克"的认识上，是远远不够的。教学中，教师要发挥学生学习的潜能，调动多种感官积极参与，拓宽学生的体验空间。

在本节课中，学生称了2分硬币，又称了数学书、文具盒等不足1千克重的物品，接着又分小组称了称超过1千克重的物品。在小组活动中，同学们分工合作，有的同学换物品，有的同学看指针，活生生的一幅"购物场面"得到了再现。更可喜的是，在交流知识的过程中，在思维的碰撞中，同学们体会到同是1千克重的物品，有的体积大，有的体积小，从而拓宽了学生体验的空间。

这是一个非常成功的课堂教学设计，这堂课也获得了成功，邓老师在他的课堂教学设计中，拥有新鲜的教学观念，首先是在这堂课中教师的角色转变了，不再是传统教学中的"教教材"，而是主动寻找教材中的数学知识与学生熟悉的生活情境有机联系的切入点。以学生所调查的丰富信息出发，灵活的展开教学。使枯燥的数学问题变为活生生的生活现实，增强了学生对数学内容的亲切感。在这堂课中，学生的主体地位凸现了，真正亲历知识形成的全过程。在自主学习、自主活动的乐趣中升华了对克和千克的理解。学生学得主动、学得开心，真正成为了学习的主人。

同时邓老师也认真分析了教材，因为教材给我们呈现的知识是静态，如何使静态知识生动化、情境化？邓老师通过学生交流购物收集到的信息——称小蜗牛，猜想、验证2分硬币——称千克物品，来体会感悟1克的实际轻重，理解克和千克的关系。他的这种创造性地使用教材既迎合小学生好奇好胜的心理、增强了学习的乐趣、类化了知识、丰富了视野，又让学生充分享受了学习、交流、体验成功的喜悦。

在关注分析学生的需求中，邓老师在教学中不仅重视了知识和技能，更关注了学生的情感。我们惊喜地看到，学生的思维活了！情感丰富了！合作意识增强了！这与邓老师富有激励性的评价离不开，更与他的设计活动离不开，学生主动、积极地经历了、建构了新知识。

另外在教学方法的选择和教学情景的创设中，邓老师都较好地体现了数学课"活中乐、活中学、活中悟、活中索"的特点，具体体现在：①以"活"的导入激发学生的乐趣，让学生从课始就进入用口交流购物的重量、用手掂量物体的重量、用心感悟物体之重量的活动中，探究的兴趣油然而生，达到以乐导激情、以情启思的目的。②以"活"的形式调动学生兴趣，启动学生的思维，一步一步向深入发展。从课始的说、看——课中的掂、猜、称——课尾的掂、想、称、议的活动中，极大的调动学生学习数学的乐趣，激活了学生的思维，同时也培养了学生在活动中合作学习、团结互助的精神，尝试到了成功的乐趣。

科学合理地进行课堂教学设计

教师在实际的教学过程中，通过实践与交流，会发现同一个内容可以产生不同的教学设计，这说明有不同的考虑就会产生不同的教学设计，从而实现不同的教学目的。

我们知道，教学质量的要害在于课堂教学，而课堂教学的好坏，要害在于备课，可以说教学的过程是从备课开始的，因此抓好备课这个起始环节是至关重要的。教师在备课时，一般轻易单纯的从教学内容出发，考虑如何把握所教内容为主，对深层次的教学目的考虑不周或不去考虑，这确实是值得我们深思的问题，在这种思想指导下的教学设计经验只停留在知识内容或方法上，而忽视能力和素质要求，缺乏深层次的思考，淡化了过程。这样摆在我们面前的问题就是如何科学地、合理地进行课堂教学设计，当前的问题是有些老师对课堂教学设计重视还不够，个别老师的教案是使用多年不变，有的老师只备例题和习题，没有能力培养的意识，也有的老师将能力练习和素质培养纳入教学轨道，但经验不足，不知如何下手。下面看一个案例：

在小学数学的《认识三角形》的多媒体教学设计中就是可以从认知（知识）、情感（心理）和技能（动作）三个方面来确定教学目标的，教学设计方案就可以有两种撰写教案的不同形式，二者都是有效的教学设计的文字表达方式，

①常规教学方案：（教案式）

教学内容：人教社六年制小学数学教材第九册

教学要点：

重点——三角形的三个内角和是 180°吗？

难点——渗透事物之间是具有普遍联系并可能相互转化的观念。

教学要求：创设多媒体情景，让学生充分感知，通过学生的多种形式的纸拼学具操作，自我验证三角形的三个内角和是 180°，并明白大千世界中事物之间是具有普遍联系并可能相互转化的观念。

教学用具：

一投影片、CAI 课件与视频展示台

学具一 CAI 课件、纸拼学具。

教学过程（略）

2 多媒体教学设计（目标设计式）

（1）认知领域教学目标（知识体系）

①通过 CAI 展示，知道什么是三角形的内角（知识水平）。

②三角形三个内角之和真的是 180°吗？你能自己找到验证的办法吗？（应用与分析水平）

（2）情感领域教学目标（心理体系）

①利用 CAI 课件的赏心悦目和简便易行，调动起学习和操作的兴趣（接受水平）。

②渗透事物之间是具有普遍联系并可能相互转化的观念（判断与价值水平）。

（3）技能领域教学目标（能力体系）。

①CAI 课件提供的两种典型的学具操作，可以将三个内角分别通过不同的方式组成一个平角——180°（模仿水平）。

②可以通过 CAI 课件可能实现的三种学具操作方式（巧妙化水平）。

③可以自我运用纸拼学具的其它验证方法来达成学习目标（创造高度）。

这个另类的目标设计式方案，是为了利用一个具体的教学内容来详细说明学科的知识、技能与心理的三大体系是可以落实到常规教学实践中，其操作性较强。它与常规教学方案并没有本质上的差异，如果说有的话，那就是将许多原本没有明确提出来的本课教学目标规范化、明晰化。并突出学生学习过程中“人”的主观能动作用。但第二类的目标设计为多媒体教学设计，字里行间渗透的是更加全面的、现代的教育思维。

教课决不能只是照本宣科讲几个定理，举几个例子了事。教师必须精心策划，既要有具体细致的总体设计，还要设想到各个局部可能出现的情况和对策。

课堂教学的设计，理所当然是课堂教学改革的蓝图和基石、航标。因此对课堂教学设计，也就必然要作全方位的理性审视。不仅要掌握每个子系统的特点、功能以及各子系统设计的方法与策略，还要对各子系统之间的相互联系与相互制约有深刻的认识，洞察每一子系统与整体教学目标的关系。只有这样才能纵观全局，从大处着眼、小处着手，进行整体优化的课堂教学设计。

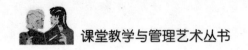

了解学生是课堂教学设计的"出发点"

课堂教学设计要以学生的需要为出发点，体现"以学生为本"，这就要求教师要充分了解学生、分析学生的知识能力背景、重视学生的学习风格，使教学设计的内容和学生的学习习惯相符，从而利于学生的学习。

课堂教学是一种师生双边参与的动态变化的过程，每一个学生都是生动、独立的个体，是课堂上主动求知、主动探索的主体；而教师是这个变化过程的设计者、组织者、引导者和合作者，是为学生服务的。然而，教师在展开教学各个教学环节时，往往过多的关心自己的教学思路，完成自己的教案，很少考虑学生的需要。大量的教学实践表明，重教轻学，课堂教学缺乏学生的积极性，是不可能收到好的教学效果的。

因此，在教学过程中，要想真正做到"以学生为本"，提高课堂40分钟效率，必须精心进行合理、有效的课堂教学设计，使教师的教案符合学生的实际情况，而不是学生适应教师的教案。换句话说，在教学设计的过程中，教师除了从"教"的角度考虑问题外，还必须把学生身心发展的特点和规律作为教学设计的一个重要依据加以认真对待。也就是说，教师作为教学活动的设计者，在决定教什么和如何教时，应当全面考虑学生学习的需求、认识规律和学习兴趣，着眼于辅助、激发、促进学生的学习。这正如加涅所指出的：校舍、教学设备、教科书以至教师绝不是先决条件，唯一必须假定的事是有一个具备学习能力的学习者，这是我们考虑问题的出发点。

教学设计首先要关注、了解教学的对象——学生，要获得成功的教学设计，就需要对学习者进行很好的分析，以学习者的特征为教学设计的出发点。学习者特征是指影响学习过程有效性的学习者的经验背景。学习者特征分析就是要了解学习者的一般特征、学习风格，分析学习者学习教学内容之前所具有的初始能力，并确定教学的起点。

也就是了解学生是否已经掌握了与要学习的新知识有关的基础知识和基本技能，学生是否已经掌握或部分掌握了教学目标中要求学会的知识和技能，有多少人掌握、掌握的程度怎样。

比如：学生在学习"百以内不进位加法"时。许多学生在学之前，都能正确算出答案，一些学生还能把算理清楚地表达出来。如果还按教材安排的起点去设计教学计划，学生就会"吃不饱"。再如，在学习"元、角、分"之前，教师调查全班同学，结果发现，大多数同学不仅对元、角、分认识，还会使用、换算。全班 49 名同学都认识元、角、分等各种纸币、硬币，或多或少都花钱买过东西；全班有 42 名同学知道 1 元 = 10 角，1 角 = 10 分，1 元 = 100 分。如果把教学的起点定在"认识元、角、分"，显然不符合学生实际。为此，教师可把教学起点调整为"用元、角、分纸币、硬币换算"，以小组的形式进行互相学习，用换币、买东西、拍卖等游戏形式学习有关"元、角、分"的知识，用已有的知识解决实际问题，使认识基础不同的学生都有提高，同时提高了学生的学习兴趣。

只有准确了解学生的学习现状，才能确定哪些知识应重点进行辅导，哪些知识可以略讲或不讲，从而抓准教学的真实起点，根据学生的实际情况设计教学环节。学生的学习起点是影响学习新知识的重要因素，而现代学生的学习起点有时远远超出教师的想象，教师设计的教学起点就不一定是学生的起点。

课堂教学设计以学生为主体

在平时的课堂教学中，怎样用自己的理智雕琢，将新课程改革的灵魂融入课堂，真正实现把学生的发展放在首位呢？笔者认为教师应关注学生的认识、情感体验、思维能力、解决问题这四个方面，努力实现：把自尊还给学生，把自主还给学生，把选择还给学生，把童趣还给学生。使学习成为充满快乐和幸福的活动，使学生尽情享受生物带给他们的乐趣。在一年来的新课程课堂实践中，围绕这样几个层次开展，即：以吸引学生为前提，以戏剧变化为过程，以细节构筑为完善，以喜爱学习为追求，构建新课程下的课堂教学。教师充分利用新课程的教学内容和教学理念，探索能够激发学生学习兴趣，并有助于学生科学素质培养的角度进行优化的教学。

一、优化课内外教学过程，以吸引学生为前提

新课程强调为了每一个学生的发展，要想实现学生作为学习的主体的新课堂模式，以学生自己的特点来进行独立学习，必须关注对学生的分析，针对学生的学习现状与课程标准之间的差距。教师要做到：了解学生的学习起点，明确他们的学习终点，从而确定教学内容、范围、深度和重点。并结合实际教学班级的情况确定教学内容中各项知识、技能之间的相互联系，安排最适教学顺序。

新课程的教学内容具有一定的开放性，在课堂上很难完成教学任务，教师应充分调动学生的生活经验和学习兴趣，恰当地选取一些生动、新颖、富于挑战性的科技前沿问题、社会热点重点问题，深入浅出地应用于教学之中，将课堂教学加以延伸和拓展，从而实现在课内和课外对学生的学习都有吸引作用，提高他们学习的积极性。

二、精心设计教学环节，以戏剧变化为过程

一直认为一堂课最成功的境界，就是学生和教师在课堂教学上都陶醉其中，就像一起在演出一场精彩的戏剧。新课程标准指出教师应是学生学习的组织者、促进者、参与者，课堂中是平等中的首席。学习过程

不是学生回答老师的问题的过程，更不是亦步亦趋于教师主观的教学设计。教师的作用更大的应是在课堂中不断的创设民主、宽松、和谐、愉悦、自由、共振的平台，让学生敢表达、会表达；给学生自主、自我的空间，让学生的个性敢张扬、能张扬。"以学生的发展为本"是课堂永恒的主题和底线。

以人教社七年级生物下《空气质量与健康》一节为例，教师设计了这样的教学环节：环节一，头脑动员、体验导入；环节二，调查分析、资料展示；环节三，探究汇报、总结反思；环节四，联系现实、思考对策；环节五，情感提升、课后延伸。五个教学环节，如同戏剧的序曲、发展、高潮、结局、尾声，以学生的认知与学科知识内在逻辑之间的矛盾为冲突，引领学生共同学习，发现问题，解决问题。

环节一：教师通过设计头脑动员，让同学们判断 5 分钟内能否完成诸如忍住不呼吸等事情，承接本章前两节呼吸系统的内容；接下来用塑料袋罩住鼻子和嘴呼吸的体验实验，使同学们进一步感觉到呼吸的空气也很重要，引发了他们思考和讨论空气质量与健康间重要的联系。

环节二：教师及时利用学生课前的资料查找和调查结果，让同学们自己引发问题，通过自己寻找的答案来解决。从而体验到提出问题并通过各种途径来解决，这样的科学探究过程是人们获取知识、认识世界的重要途径。

环节三：小组进行探究实验汇报，其他小组对他们进行评定和质疑。同学们从探究实验的步骤出发，汇报了本小组在提出问题，作出假设，制定并实施探究计划，处理数据和分析探究结果等方面的情况。其他小组则从控制变量、尽量避免偶然因素的影响，设置重复组，求算平均值、表达和交流四个方面对汇报组的实验方案进行评价和改进，从而将科学探究的一般方法的掌握落到实处。

环节四：教师由浅入深地引导学生进行思考，从课堂放眼到社会，采用了提问讨论法，图片刺激法，使同学们通过自己的思考，从多个角度出发，展开对改善空气质量的方法的热烈讨论，有的同学提到要植树造林，要变废为宝，要宣传呼吸道健康保健，要利用生物来治理污染，要对只注重经济利益而不注意可持续发展的现象给予抨击等等，上升到情感的高度，实现了情感态度价值观的目标，确立了保护环境的意识。

环节五：在反馈的环节，教师设计了与课本结合的小活动，除完成评价表格和实验报告外，要同学学习本节内容，做一名环保的小宣传员，向周围人介绍空气质量不好的危害，并结合课本中科学、技术、社会的补充资料，提出锻炼的方案，面向全体学生，考虑个体差异，实现《标准》提出的知识、能力、情感态度价值观的三维立体目标。

在课程设计上教师应结合本学校的实际和学生的情况，采用体验教学，调查分析、资料收集、探究实验、讨论提问、总结概括、幻灯放映等多种教学和学习方法。不仅注重了课本和实际的应用，实现教学目标，也达到学生和教师一起投入课堂的状态。

三、关注学生科学素养，以细节构筑为完善

笔者在进行课堂教学的时候，常常倡导八个字"关注细节，构筑优秀"，一堂课能不能达到预设的目标，实现学生的提高，要靠细节取胜。在新课程理念下，课堂面貌和形式的创新转变能不能成功，细节是关键的因素。注重和谐轻松课堂氛围的营造，对学生的学习和实践成果表示鼓励和表扬，让同学们感到温暖，愿意参与到课堂活动中，使师生关系由传统的主客体对立关系转变为民主平等的对话关系。

教师还要有人文关怀和科学素养的渗透，每节课都有这样的点滴积累，同学们的素质和习惯就会在不知不觉中养成。比如在《空气质量与健康》一节，在进行体验教学向塑料袋中吹空气的时候，教师对于感冒的同学明确提出不叫他们做，坚持不到 10 次的同学也可以停止，对他们身体关爱。同时，提醒同学们，塑料袋是白色污染，做好实验后，要放在合适的地点，下课交给生物小组长，一方面暗示他们接下来的课程中，不要再去做实验分散注意力，另一方面养成他们不随意丢弃垃圾的习惯。

同学们的思维是非常活跃的，在课堂上，教师调动起同学们的积极性之后，也容易出现思维如脱缰野马般，难以收回的局面，这也要求教师关注他们思维的细节，适时的把学生从偏离的思维轨道拉回。将他们的注意力转移到与前面知识的联系上，通过细节的关注，实现了对课堂的调控。

四、提高学生学习兴趣，以喜爱为追求

人非草木，孰能无情。人类各种活动都与情感不无关系。列宁曾说

过："没有情感，就不可能有人对于真理的追求。"它要建立课内外对
学生培养都扎实的基础上。教师需要努力营造一个轻松、活泼、时刻会
有智慧火花迸发的课堂；需要坚持不断的努力和坚持不断的勤奋；更需
要教师充分结合学生实际，运用新课程理念，充分发掘教材，不断开创
崭新的课堂教学模式，让同学们感到学习是能够让他们身心投入和放松
喜爱的活动。

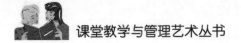

学情分析要有针对性

学生是学习的主体，要想有针对性地进行教学设计，必须进行学情分析，应着重分析学习者的起始能力、已经形成的背景知识和技能及学习者是怎样进行思维的。

1. 学习起点能力的分析

学生在进入新的学习单元或命题之时，其原有的学习习惯、学习方法、知识和技能等对将来的学习的成败起着决定性的作用。著名教育心理学家奥苏伯尔认为，学习就是把新知识和已有知识联系起来，将新知识纳入学生已有的认知结构中去的过程。加涅也认为，传授新知识之前，首先必须激活学生头脑中相关的已有知识。因此，教学设计中对学生起点能力的分析是十分重要的。

有关学生的学习起点能力分析，可将其分为学习的可能起点和学习的现实起点。学习的可能起点是指学生按照教材文本、课标的规定，应该具有的知识、能力基础。把握学习的可能起点，可以使教学更有针对性，有效的防止教学中的随意性。学习的现实起点是指学生在多种学习资源的共同作用下，已实际具有的知识能力、情感态度基础。把握学生的现实起点，可以使教学更有适切性，防止难度过大使教学目标难以落实，难度过低没有挑战性，因而导致课堂实效性不高的情况出现。

因此，准确地诊断学习者的起始能力是进行有效教学设计的基本前提。当教学建立在对学生学习起点的了解上时，通过教学，就能使学生的知识素养产生"增量"。但现在有些老师对学生的学习起点不甚了了，相当多的教师不能正确估计学生已有的知识和能力，实行"零起点"教学。这就不能激发学生的学习潜力，也使课堂教学降低了效果。

一般来说，学生起点分析包括三个方面：一是对新知识的学习所需要的预备知识和技能的分析；二是对目标能力的分析。即了解学生是否已完全掌握或部分掌握教学所要达到的目标，以及达到的程度如何。因为在现有的班级授课制中，通常是一名教师同时对几十名学生进行教学活动，而学生的基础水平有时又差别较大，因而了解这些差异对于教师进行整体教学设计是十分有益的；三是了解学生对所学内容的态度如何，如是否存在偏见或误解等。

对学生学习起点能力的分析主要通过调查的方法进行。调查可以有多种途径和方式，传统教学中的"摸底测验"，教师对学生的个别谈话，学习情况调查座谈等，皆可以获得全面的信息。另外还有一个行之有效的方法就是让学生互相交流。

下面是一位教师灵活地运用同学互相考察的方法得知学生知识起始点的案例：

通过读课文，学生已经了解了课文大意，接下来把他们带入了生字的学习中。生字孩子们在家时已经预习了，再讲学生会很厌烦。此时，教师利用"当个小考官"的游戏，一边检查预习情况，一边调动他们自主识字的愿望。"同学们，生字我们都预习了，你们想当个小考官，考察一下大家的预习情况吗？""想"。"那好，用你们手中的生字卡考考你的同桌，如果遇到不会的要互相帮助。"同学们个个都认认真真，俨然是一个小考官。读对了，考官便露出了微笑；读错了，就皱起眉头，但很快又去耐心指导他。此时，又变成了一位和蔼的老师。在同学们兴趣正浓时，教师打断他们的游戏说："孩子们，我也想和你们做个游戏，老师读一个字音，你们就举起相应的卡片读一读，好吗？""没问题。"游戏开始了，只见孩子们眼睛紧盯着卡片，用最快的速度找到教师读的字。同学们举对了，教师便点点头，报以会心的微笑。使学生真正做到了快快乐乐学语文，高高兴兴学识字。

2. 学习者背景知识的分析

学生在学习知识时，总要与背景知识发生联系，以有关知识——包括正规和非正规学习获得的知识来理解知识，重构新知识。教师对学生背景知识的分析，不仅包括对学生已具备的有利于新知识获得的旧知识的分析，还包括对不利于新知识获得的背景知识的分析。不同的学生拥有不同的背景知识，因此即使是要教授同样的教学内容，教师在进行课堂教学设计时也应做到心中有数，这样的教学设计才能具有针对性。

一位教师根据学生背景知识的不同，对"质数与合数"一课做了三种不同的教学设计，非常具有启发意义。

设计一：在"送教下乡"活动中，根据农村中心校学生已经掌握了自然数、分类、奇数、偶数、约数等背景知识，首先让学生把班级同学的学号数——1～16根据奇数与偶数进行分类。接着让学生找出2～16各数的所有约数，并根据约数个数的特征把这些数分成两类。在此基础上，让学生尝试概括这两类数的特征，进而在教师的不断追问下，师生共同概括出什么叫质数，什么叫合数。

设计二：在校际交流活动中，根据县实验小学学生已经掌握的背景知识，首先让学生把班级同学的学号数——1～59根据奇数与偶数进行分类。接着让学生找出1～59各数的所有约数，并根据约数个数的特征把这些数进行分类（应该分成三类）。在分类的基础上，让学生通过独立尝试概括、讨论交流、汇报辩论，揭示出质数、合数的概念，明确既不是质数也不是合数。

设计三：在"省优秀教师教学成果汇报会"上，根据班级学生中有三分之一左右的学生通过不同的渠道已经知道了质数、合数的概念（尽管学生知道概念，但并没有真正理解概念），教师让学生阅读教材，理解质数、合数的概念，在师生的共同辨析争论下，使全体学生真正理解质数、合数的内涵与外延。

通过对"质数与合数"一课三种不同教学设计的分析，我们认识到，正确地分析学习者的背景知识，是进行有效教学设计的重要基础。

3. 学习者是怎样进行思维的

埃德·拉宾诺威克兹在《思维·学习·教学》一书中说："作为教师，我们教儿童。既然我们教儿童，那我们就要了解儿童怎样思维，儿童怎样学习……也许，我们只是自以为了解了他们。"的确如此，很多时候我们以为了解学生，其实不然。比如许多中小学数学教师在进行教学设计时，更多关注的是怎样进行教学，而很少考虑学生是怎样学习的，学生是如何思维的。

一位教师对"长方体和正方体的体积"一课是这样设计的：首先复习体积单位并出示相应的1立方厘米、1立方分米、1立方米的正方体木块，然后让学生估计一个比较大的长方体的体积大约是多少。接下来让学生用正方体的小木块摆大小不同的各种长方体，并记录得到的数据。在此基础上让学生自主概括长方体的体积计算公式。而在实际进行教学时，学生并没有按照设计者的思路估计这个较大的长方体的体积大约是多少，而是说这个长方体的长大约是 30 厘米、25 厘米、50 厘米，宽大约是 20 厘米、30 厘米、40 厘米，高大约是 40 厘米、50 厘米、55 厘米等。在记录数据的过程中，同样没有按照设计者的思路记录长方体的长、宽、高及体积各是多少，而是直接记录了小木块的个数。

造成教学设计与实际教学差异的主要原因就是教师缺乏对学生是如何进行思维的基本判断。因此，教师在进行教学设计时，不但要对学习者起始能力进行诊断，对学习者背景知识进行分析，还应关注学生是如何思维的。另外，对学生学习态度、学习兴趣的分析对达成教学目标也十分重要，也是进行教学设计时不能忽视的内容。

对教学设计者来说，学习者对待所学内容的态度对教学的效果也会产生重要影响。判断学习者态度最常用的方法是态度量表。此外，观察、会谈等评价技术也可用于态度分析。

下面给出的是一份了解中学生对化学学科态度问卷的部分题例，通过学生对问卷的回答，可以从中了解到学习者对化学学科学习的态度。

（1）对于成为一名化学家，我觉得
①毫无兴趣
②尚无兴趣
③感兴趣
④非常感兴趣
（2）在校外，我使用化学的情况是：
①从不想用
②很少用
③有时使用
④经常使用
（3）在校外娱乐、阅读、消遣或观看电视时，我使用化学的情况是：
①从未有过
②很少会用
③有时使用
④经常使用

当教师用这份问卷进行调查后，必然能对自己在进行教学设计有一个引导与参考作用，针对性就会增强，这样会事半功倍。

而在实际的教学设计工作中，对于学习者起点水平分析往往是互相穿插结合在一起的，并不是孤立地进行某一项。

重视学习者学习风格分析

学习风格是学习者持续一贯的带有个性特征的学习方式，是学习策略和学习倾向的总和。一般通俗地认为是学习者在长期的学习活动中形成的具有个人特征的习惯定势和学习倾向。包括学习者在信息接收、加工方面的不同方式；对学习环境和学习条件的不同需求；在认知方式上的差异，如独立型和依存型、沉思型和冲动型等；某些个性意识倾向性因素，如控制点、焦虑水平等；生理类型的因素，如左右脑功能优势等。

学习风格的特征主要表现在三个方面：一是独特型。学生受特定的家庭、教育和社会文化的影响，具有鲜明的个性特征；二是稳定型。学习风格是个体在长期的学习活动中逐渐形成的，一经形成，即具有持久稳定型，很少因学习内容、学习环境的变化而变化；三是兼有活动和个性两种功能。

需要说明的是：学习风格本身没有好坏之分，每一个人都有自己独特的学习风格，它就像一个签名那样有个性。不同的群体——不论是以文化、学历还是性别来划分，都包含了学习风格的所有种类。在每一个文化、社会经济阶层或者班级内部都存在着不同的学习风格。对于教学设计者而言，了解学习风格的主要目的在于找出不同的学习风格与教学内容的组织、教学方法的运用、教学媒体的选择之间的关系，以便为学习者提供适合其学习风格特点的教学。

下面我们来看一个案例：

一个幼儿园里的"制作脸谱"的美工活动，教师提供了多种材料，有树叶、回形针、纽扣、毛线、雪花片、各色卡纸等，而教师的要求就是让孩子利用所提供的这些材料装饰脸谱，在这过程中教师着重观察了三个幼儿不同的学习风格。

小金从箩筐中挑了一张蓝色卡纸，他拿起剪刀准备开始剪，可却迟疑了一会儿没有剪下去，他又将纸换了个方向，可还是没有剪下去，他干脆放下剪刀，看着纸像在思索什么，大概过了几秒钟，他拿着纸走到我身边，"李老师，我不会剪。"我问他："你要剪什么？"他告诉我：

"我要剪眼睛，可是我不会剪。"我告诉他方法，他就拿着纸回到了座位上，拿起剪刀剪了起来，很快一个眼睛剪出来了，他看着剪好的眼睛神气地笑着，又开始剪第二个眼睛。

小李迅速从箩筐中拿出两片树叶，将它们反复折叠变小后作眼睛，又拿了一个回形针作鼻子，接下来又从红色卡纸上剪了一小块作嘴巴，完成后他拿起脸谱看了一下，马上从箩筐内挑了两段毛线出来，粘在脸谱两侧作头发，做完后他立刻把脸谱交给我，请求做第二个。整个过程不到五分钟，他就做完了一个脸谱，而其他孩子都还只做了一小部分。

小陈从箩筐中也拿了一张红色卡纸，他剪了两个眼睛，粘好后他环顾了一下四周，李征宇和他是同一组的，当他看见李征宇用树叶做了眼睛后，他也立刻到箩筐内去找树叶，可是树叶已经没有了，想了一会儿后他从箩筐中挑出了两颗纽扣，并把已经粘好的眼睛撕了下来，用纽扣作了眼睛。

从这次"制作脸谱"的教学过程中我们能够清晰地看到，小金、小李、小陈—这三个孩子存在明显的认知差异，表现出了不同的学习方式，然而孩子学习方式的差异对他们的发展有何影响，我们又该如何采取有针对性的教育策略，这些都是需要我们认真思考的问题。

小金表现出小心谨慎的学习态度，当他拿到材料后，先经过了认真地思考和尝试，感觉自己有困难后便请求教师的帮助，在一切确认无误的情况下才进行制作。这样的孩子虽然做事细致、稳妥，但不够大胆，不够有创意。针对这类孩子，教师应从培养自信入手，鼓励他放开手脚，加速思维，同时对他制作的局部给予肯定。

小李则表现出大胆机智的学习态度，他的动作非常迅速，思维转得很快，他一边观察、思考、判断，一边制作，任务意识很强，这样的孩子能力发展往往高于同龄孩子，此时教师就应该不断对他提出新的要求，并提供他更广阔的发展空间，让他去接受新的挑战。

小陈表现出的灵活好强的学习态度，当他发现同伴用其他的材料制作的效果比自己要好时，他便立刻进行观察、模仿，重新尝试，这样的孩子思维比较灵活，能够从同伴地方找到灵感，比较好强，很有进取心，但缺少了做事的计划性，过程容易被他人所影响。对待这样的孩子，此时教师就可以给他一些具体提示，特别在他制作之前，培养他做事的有序性、计划性。

而学习风格分析的内容包括学习的条件、认知方式、人格因素和生理类型等几个方面。

1. 学习的条件

学习的条件是指影响学生注意力以及接收、记忆信息能力的一组内外因素。学习的条件包括：感知或接受刺激的感觉通道、学生在感情方面的需要、学生的社会性需要、学生对环境的要求以及来自于学生情绪的要求等。有的学生对学习环境静闹、光线强弱、温度高低、坐姿正规或随便等都有偏爱，如有的人对于学习环境的要求是比较严格的，喜欢一个人学习，不喜欢和同学们一起学习，人一多他的注意力就很难集中，学习效果就会越差。

2. 认知方式

认知方式是指学生在感知、记忆和思维的过程中所偏爱的态度和方式，它表现出学生在组织和加工信息过程中的个别差异，反映了学生在知觉、记忆、思维以及解决问题的能力等方面的特征。

下面来看一个案例：

天行在"数学棋"前看了有好几分钟，然后不停地拿棋子沿格子走，又抓起扑克牌看看，不知该如何下手。一虹和小菲来了，两人坐下来开始玩。天行便静静地看着，看了一会儿，似乎看懂了，坐下来也要加入游戏。一虹不肯："昨天你没来，你不会下的。""我看懂了。"天行拿起蓝棋放在蓝星上。小菲说："你不会我教你，你先翻牌。"天行翻了一张牌，是"2"，他拿起棋向前走了两格，正好落在圆形上。小菲提醒他可以向前滑出三格，他忙沿线滑出三格，就这样下了五分钟，一虹先走完棋，小菲第二，天行最后，一虹说："天行，你输了。"天行看着棋盘，愣了一会儿才说："不对，你刚才为什么走两次?"小菲说："每次拿牌可以走一次，也可以走两次。""那再来一次，"天行不服气地说，"这次我肯定不会输。""来就来。"这次天行第一个走完棋，而后大致只有三分钟。

上面的案例说明了幼儿在学习的过程中表现出自己特有的风格。

在一虹和小菲没来之前，天行是通过摆弄来学习的，在摆弄中，他认识材料，尝试走法，但是没有他人的指点，他无法判断自己的摆弄是否正确。摆弄的学习方式在小菲和一虹加入后变为模仿学习：模仿同伴的玩法，在模仿中认识数学棋，学习走棋方法。在模仿的学习方式中，他的观察和思考不够细致，所以他在实践中展示自己模仿学习的成果时，并没有获得成功。但是他很快发现了自己失败的原因，提出了疑问，总结了经验，最终获得成功。因此，反映天行的学习过程是"摆弄——模仿——实践——质疑——实践"的过程，表现出思考型的认知特质。

3. 人格因素

有关人格因素对学生学习产生的影响，在教育心理学研究中，正受到越来越多的重视。目前在教学设计中，对人格因素的分析主要集中在控制点和焦虑水平这两种因素上。

控制点是指人们对影响自己生活与命运的因素的看法。一般分为内部控制与外部控制。具有内部控制特征的人相信自己所从事的活动及其结果是由自身具有的内部因素决定的，自己的能力和所作的努力能控制事态的发展。具有外部控制特征的人认为自己受命运、运气、机遇和他人的控制，是这些外部的、且难以预料的因素主宰着自己的行为结果。一般说来，内部控制者具有较高的成就动机，外部控制者的成就动机相对较低。由于内部控制者把学业上的成功归因为自身的能力和勤奋，因此，成功将会给他们带来更多的鼓励，并进一步提高他们的学习信心，而失败则是需要付出更大努力的标志，他们对待困难的学习任务的态度是积极的，常选择适合自己能力的、适度的学习任务。相反，外部控制者把学习成败归因于外因，缺乏自信，在学习活动中表现出无能为力的态度；学习上的成功或是采用鼓励等强化方式并不能增加他们的努力；他们不能适时改变自己的行为以选择合适的学习任务。

学习者持有不同的控制点主要是通过影响学习者的成就动机、学习者投入任务的精力、学习者对待任务的态度和行为方式、学习者对奖励的敏感性及惩罚或分数对他们的意义、学习者的责任心和对待教师的态度等一系列变量，从而影响学习者的学习状态的。

焦虑是指个体对某种预期会对他的自尊心或自身利益构成潜在威胁的情境所产生的担忧反应或反应倾向。按焦虑的性质，可分为正常焦虑与过敏性焦虑。正常焦虑是客观情境对个体自尊心可能构成威胁而引起的焦虑，如学习者面临重要考试而又把握不大时产生的考试焦虑。需要指出的是正常焦虑并不是指适当水平的焦虑，它同样可能出现过高或过低的不同水平，这取决于自尊心受到威胁的程度。过敏性焦虑不是因客观情境对个体自尊心构成威胁而引起的，而是由遭到严重伤害的自尊心本身引起的。自尊心受伤害程度越高，过敏性焦虑水平就越高。对于某些儿童或学生，由于他们在成长过程中没有得到外界——主要是父母的内在认可和评价，从而导致缺乏内在的自尊心和价值感，当他们遭受失败和挫折时，就极易引发神经过敏性焦虑。

焦虑水平的高低与学习的关系十分复杂。一般认为过高或过低的焦虑对学习均不利。此外，就学习情境压力与焦虑的关系来看，一般是低焦虑者在高压力的学习情境下学习效果较好，而高焦虑者则适合压力低的学习情境，教师要根据实际情况进行合理的调控。

4. 生理类型

生理类型由于学生的生理类型存在着差异，所以有的学生在心理能力上表现为左脑半球优势，有的是右脑半球优势，还有的是两个半球的脑功能和谐发展。脑科学研究的结果表明，虽然大脑左右半球的结构几乎完全一样，但是在功能上却有所不同。生理类型包括分析与综合、对大脑左右两半球的偏爱、沉思与冲动等。

常识也告诉我们，有的学生习惯听老师讲，有的学生却爱问问题；但是教师或者长于讲叙、或者善于质疑，但真正全能型的教师少之又少。因此，教师不能一成不变，必须尝试不同的教学风格，以适应学生的学习风格。

5. 克内克的学习风格分析

美国教学技术专家克内克等人于1986年提出的有关学习风格的内容及其分类框架比较简单，有较强的可操作性。克内克等人指出，为了向学习者提供适合其特点的个别化教学，最好能掌握下列有关学习者的情况：

①信息加工的风格

信息加工的风格包括下面的类型：

用归纳法呈示教材内容时，学习效果最佳；

喜欢高冗余度；

喜欢在训练材料中有大量正面强化手段；

喜欢使用训练材料主动学习；

喜欢通过触觉和"动手"活动进行学习；

喜欢自定学习步调等。

②感知或接受刺激所用的感官

在这方面，不同学习者也有不同的风格：

通过动态视觉刺激（如电视、电影）学习效果最佳；

喜欢通过听觉刺激（如听讲、录音）学习；

喜欢通过印刷材料学习；

喜欢多种刺激同时作用的学习等。

③感情的需求

需要经常受到鼓励和安慰；

能自动激发动机；

能坚持不懈；

具有负责精神。

④社会性的需求

喜欢与同龄学生一起学习；

需要得到同龄同学经常性的赞许；

喜欢向同龄同学学习。

⑤环境和情绪的需求

喜欢安静；

希望有背景声或音乐；

喜欢弱光和低反差；

喜欢一定的室温；

喜欢学习时吃零食；

喜欢四处走动；

喜欢视觉上的隔离状态（如在语言实验室座位中学习）；

喜欢在白天或晚上的某一特定时间学习；

喜欢某类座椅等。

应当注意，任何一种学习风格，既有其长处，也有其不足。教育的最终目的是要扬长避短。因此，适应学习风格差异的教学设计应包含两方面的内容：一是采用与学生学习风格相一致的"匹配策略"；二是针对学习风格中的短处实施弥补性的"故意失配策略"。匹配策略固然有利于学生的学习，但却无法弥补学生学习机能上的不足；有意识的故意失配策略在实施之初可能会在一定程度上影响学习的效率，但坚持使用可以弥补学习方式上的不足，使学生的心理机能得到全面提高，有利于学生以后的学习和发展。因此，在当前以班级授课制为主要形式的学校教学中，分析学生的学习风格的目的并不仅仅是为了顺应每个学生的不同风格，更重要的是培养合理有效的学习风格。

教学任务分析

　　教学任务分析是基于学习心理学研究而发展起来的一项教学设计技术，它是教学设计的一个非常重要的环节。它不仅关系到教学目标的分解、教学顺序的安排，教学情景的创设、教学方法和教学策略的选择、学生学习困难的诊断，而且关系到教学设计的质量和课堂教学的效率。因而课堂教学设计中的任务分析是一个值得探讨的问题。

　　我们先来看一个案例：

　　《济南的冬天》是老舍创作的一篇经典的小品散文。通过对学生阅读兴趣的调查，我们发现这一类的文学作品比其他类型的文章更受学生的欢迎。引导学生学生欣赏文学作品，是新课标在阅读教学目标中规定的一项具体而又重要的内容。新一轮的课程改革强调学生在阅读中的主体地位，重视学生在阅读中的独特感受和体验，关注学生开发和利用课程资源的能力。鉴于以上的分析，我认为本节课的教学要解决以下两个方面的任务：

　　1. 引导学生品位和欣赏这篇散文优美的语言，通过品位语言之"门"去叩开作者情感的心扉，获得对课文的整体感知。

　　2. 要引导学生用发展的眼光研读课文，利用语文课程资源继续关注老舍的相关作品，关注"人与自然"的主题。

　　教学任务分析是要查明学习本身以什么样的逻辑顺序体现层级关系或组成关系，并以哪些原有的知识技能作为先决条件。显然，教学任务分析是以教学目标为依据，"由上而下"地逐级排序，由此对学习过程的开展进行"层级分析"、"程序分析"或"归类分析"，从而确定"可能的教学起点"。它是教学过程的"路线图"，把握"先教什么，后教什么"并指明应"怎样教"。教学任务分析旨在揭示学生所要形成的知识与能力的构成成份及其层次关系，从而确定促使这些知识、能力获得的有效教学条件。

1. 教学任务分析方法

教学任务分析的方法是：从学习的终点行为，即预期的学习结果开始，不断提出"学生要达到预期的学习结果，需要哪些原有的能力"，一直分析到学生的起点能力，即原有的知识基础为止，从而弄清所学知识与能力的构成成份及其层次关系。具体有以下几种：

（1）归类分析法。

这主要是研究对有关信息进行分类的方法，旨在鉴别为实现教学目标所需要学习的知识点。确定分类方法后，可用图示或列提纲的方式，把需要学习的知识归纳成若干方面，从而确定教学内容的范围。

（2）图解分析法。

这是一种用直观形式揭示教学内容要素及其相互联系的内容分析方法，用于对认知类教学内容的分析。图解分析的结果是一种简明扼要、提纲挈领地从内容和逻辑上高度概括教学内容的一套图表或符号。这种方法的优点是使分析者容易觉察内容的残缺或多余部分以及相互联系中的割裂现象。

（3）层级分析法。

这是用来揭示教学目标所要求掌握的从属技能的一种内容分析方法。这是一个逆向分析的过程。在层级分析中，各层次的知识点具有不同的难度等级——愈是在底层的知识点，难度等级愈低，愈是在上层的难度愈大；而在归类分析中则无此差别。

（4）信息加工分析法。

这种方法由加涅提出，是将教学目标要求的心理操作过程揭示出来的一种内容分析方法。特点是能够清楚地揭示达到终点目标所需的心理操作过程或步骤。这种方法不仅能将内隐的心理操作过程显示出来，也适用于描述或记录外显的动作技能的操作过程。

（5）使用卡片方法。

教学内容分析的工作细致复杂，常有必要对分析结果进行修改、补充或删除。因此，需要掌握计划技巧，较有效的一种计划技巧是使用卡片。方法是：将教学目标和各项内容要点分别写在各张卡片上，对它们的关系进行安排，经讨论修改后，再转抄到纸上。特点是：灵活，便于修改及调整各项内容之间的关系；形象直观，便于讨论时交流思想。

（6）解释结构模型法。

解释结构模型法（Interpretative Structral Modelling Method，简称

ISM 分析法）是用于分析和揭示复杂关系结构的有效方法，它可将系统中各要素之间的复杂、零乱关系分解成清晰的多级递阶的结构形式。包括三个操作步骤：

①抽取知识元素——确定教学子目标

②确定各个子目标之间的直接关系，做出目标矩阵

③利用目标矩阵，做出教学目标形成关系图

教学任务分析是一项教学设计技术，通过任务分析能实现教学的有序化、有效化。教师在教学前进行教学任务分析，有助于进行教学设计，提高课堂教学的质量。

2. 教学任务分析的入手点

教师应用教学任务分析进行有效的教学设计，可以从以下几个方面入手：

第一，对一堂课教学目标中的学习结果进行分类。也就是明确指出学生的学习结果属于学习结果中的哪一类或哪几类。做好这一步可以帮助教师明确教学目标，准确地描述教学目标。教学目标作为课堂教学的核心和灵魂，在教学活动中具有定向的作用，它限定了课堂教学的运作，对保证课堂教学有效开展至关重要。现代教学理论和实践都证明：有效的教学必须具备有效的教学目标。在教学设计时，教师任务分析技术可以帮助教师明确一节课所涉及的知识点的学习结果的类型，准确具体地描述教学目标，确定教学的重点难点。例如，教学两位数加两位数的口算，教师应掌握这是一种智慧技能的学习，即要学习一种计算法则。学习这一种口算方法时，学生应掌握一种策略，即把两位数加两位数转换成两位数加整十数及两位数加一位数。为此，学生必须预先掌握两位数加整十数和两位数加一位数的口算这一必要条件，以及认知策略、态度等支持性条件。而掌握两位数加整十数与两位数加一位数的口算，又需预先掌握数位、两个一位数相加的口算。通过分析，也就明了要实现预期的教学目标，学生必须具有数位的概念，两位数加整十数、两位数加一位数的口算技能，教师在教学时必须为学生掌握把两位数加两位数转换成两位数加整十数及两位数加一位数这一认知策略创设有效学习的条件。

第二，根据本节课教学目标的需要，分析学生学习本节课必须具备的必要条件和支持性条件。例如学习数学课程中"有理数乘法"之前，必须掌握有理数的加法，因为这是达到教学目标的主要原因。

第三，在进行教学设计过程当中，教师通常把教学目标分解成几个

小的教学目标逐步实现。教师通过任务分析可以清晰勾勒出它们之间的关系，当这些关系清楚了，教学顺序问题便可以解决了，再根据各部分的学习结果的类型选择相应的教法。这一步使得教师的教学才更有效。例如，我们以数学这门课程中"同类项"这一节课的教学目标是：（1）使学生理解同类项的概念和意义；（2）使学生掌握合并同类项的法则，并会合并同类项。在教学时，教师利用任务分析可以把上述目标分解成如下几个小目标：（1）同类项的概念的生成；（2）同类项的理解与应用；（3）合并同类项法则的生成；（4）会合并同类项。这样四个分目标都非常具体，前后关系清晰，而且相应目标的学习结果也很清楚，（1）的学习结果是概念学习，（2）（3）（4）的学习结果是规则和高级规则学习，这样教师就可以根据学习结果设计相应的教学方法。

第四，教学任务分析是以课堂教学目标为出发点进行逆推的，一直分析到学生的起点。这一步主要分析学生的起点能力，分析在实施新的教学之前，对学生已有知识、技能和策略的分析，必要时需要对学生的起点进行测量和诊断。

许多教学失败都是由于学生没有达到必要的起点能力，在学生必要的能力起点上进行教学才是有效的教学，而任务分析就能解决在这个环节上出现的问题。

总之，教学任务分析是沟通学与教的有效的教学设计技术，充分体现新课程标准的基本理念，以学生为主体，做到因材施教。新课程标准强调教学活动必须建立学生的认知水平发展水平和已有的知识经验的基础之上，这样的学习才是有效的学习，这样的教学才是有效的教学！

教学策略与相关概念的联系与区别

要提高课堂的教学效率、有效地实现教学目标，教师应该清楚地了解教学策略与相关概念的异同、教学策略自身的特征与结构，从而有依据、有原则地选用适当的教学策略，提高学生的学习能力和知识水平。

迄今为止，国内外学者对教学策略有很多界定，这些界定既呈现出一些共性，又表现出一些明显的分歧。共性表现为：教学策略有一定的目标，是在特定教学情境下，为完成特定的教学任务而产生的教学方案，包括教学活动中方法的选择、材料的组织、对师生行为的规范等。分歧在于：有的人认为教学策略有一定的理论性，将之视为教学思想、教学模式；有的人认为教学策略就是教学方法；还有的人认为教学策略就是教学方案，在教学策略的归属上产生分歧。从根本上来说，这些分歧在于对一些基本概念如教学设计、教学观念、教学方法、教学模式等缺乏一致的认识。科学地把握教学策略的内涵，不仅要对已有教学策略的认识做进一步的概括和提炼，吸取合理思想，而且还要澄清教学策略与教学设计、教学模式、教学方法、教学思想等之间的区别和联系。

一、教学策略与相关概念的比较

1. 教学策略与教学设计

有人把教学策略看成是教学设计。教学设计是教学活动开展之前的准备工作，是对整个教学活动的计划和安排。教学设计的结果或教学设计的文字表达形式是教学活动方案，而教学策略自然要在教学准备阶段进行设计、谋划，形成一定的方案，从这个意义上说，教学策略是教学设计的组成部分。我们感觉，教学策略与教学设计各有自身的内涵，在具体内容或环节上有交叉、重叠部分。进行教学设计时要考虑教学策略的制定、选择与运用。教学策略选择与运用时，又必须通盘考虑教学的整个设计。教学设计一旦完成就比较定型了，它可以是对整节课或整个单元的设计，也可以是对整个科目的设计。教学设计包括的范围比较广，而教学策略的运用范围较窄，一般主要集中在某一课时、某一内容的范围内，并且具有较强的灵活性。

2. 教学策略与教学思想

有人把教学策略看成是一种教学思想，还有人甚至认为教学策略中，观念与技巧的关系应该是绝对统一的，教学观念支配决定着教学技巧，教学技巧从属于一定的教学观念和教学目标。的确，教学策略与教学观念之间有着密切的联系。任何教学策略、教学技巧的选择和运用都不是盲目或随意的，尤其在现代社会条件下，教育活动的开展是有目的、有计划的。教学策略的选择与运用必定要受到一定教学思想的制约或指导。但是，教学策略与教学思想之间并不具有一一对应的关系。教学思想位于较高层次，属于理论、观念形态；教学策略虽包含有理论，但本质上是属于操作形态的东西，是对教学思想观念的具体化。在同一种思想指导下，结合不同的背景、条件，由不同的人来开发，就会形成不同的教学策略。同一种教学策略，也不必然都源于某一种教学原理或思想，而可以源于多种教学原理、教学思想。教学观念与教学策略之间是有实质性区别的。

3. 教学策略与教学模式

国外有学者把教学策略看成是教学模式，尤其在北美，有时把教学策略作为教学模式的同义词。诚然，从可操作性来看，这是二者的共同特征，但单从这一点并不能认为这二者是等同的。从教学理论到教学实践的转化，是从教学理论到教学模式再到教学策略，再到教学方法，再到教学实践，可见教学策略是对教学模式的进一步具体化，教学模式包含着教学策略。教学模式是能用于构成课程和课业，选择教材，提示教师在课堂或其它场合教学的一种计划或范型，具有简约化、概括化、理论性和相对稳定性的特点。教学模式规定着教学策略、教学方法，属于较高层次。教学策略比教学模式更详细、更具体，受到教学模式的制约。从教学研究的发展来看，先有教学模式研究，然后才有教学策略研究，这也反映出了二者的区别与联系。

4. 教学策略与教学方法

在已有的研究中，不少学者把教学策略等同于教学方法。从前面分析中，我们已看到这种认识是不妥的。因为教学方法是为完成教学任务，教师的教和学生的学的相互作用所采取的方式、手段和途径。教学方法是更为详细具体的方式、手段和途径，它是教学策略的具体化，介于教学策略与教学实践之间，教学方法要受制于教学策略。教学展开过程中选择和采用什么方法，受教学策略支配。教学策略从层次上高于教学方法。教学方法是具体的可操作的，教学策略则包含有监控、反馈内容，在外延上要大于教学方法。

二、教学策略的界定

通过上面的分析，教师已基本上可以对教学策略有个大体的把握。

（1）教学策略是教师在教学过程中采取的一系列措施，而不是教学活动展开前的教学设计、教学方案。

（2）教学策略带有很强的目的性，是为完成一定的教学任务而进行的。

（3）教学策略是基于对现实的教学活动的认识而采取的。

（4）教学策略包含有一定的教学理论成分，是对一定教学理论的具体化，受一定的教学理论的支配和制约。

（5）教学策略有变通性，要随教学的进程对教学措施进行反馈和调控，它不同于教学模式和教学方法。

基于上述认识，可把教学策略定义为：教学策略是为了达成教学目的，完成教学任务，而在对教学活动清晰认识的基础上对教学活动进行调节和控制的一系列执行过程。它包含以下几层含义：其一，教学策略包括教学活动的元认知过程、教学活动的调控过程和教学方法的执行过程。教学活动的元认知过程是教师对教学过程中的因素、教学的进程的反思性认知。教学活动的调控过程是指教师根据教学的进程及其中的变化而对教学过程的反馈、调节活动。教学方法的执行过程是指教师在教学过程中采取的师生相互作用方式、方法与手段的展开过程。其二，教学策略不同于教学设计，也不同于教学方法，它是教师在现实的教学过程中对教学活动的整体性把握和推进的措施。再者，教师在教学策略的制定、选择与运用中要从教学活动的全过程入手和着眼，要兼顾教学的目的、任务、内容，学生的状况和现有的教学资源，灵活机动地采取措施，保证教学的有效有序进行。最后，教学策略是一系列有计划的动态过程，具有不同的层次和水平。

教学策略的特征与结构

一、教学策略的特征

认识和了解教学策略的特征，可以帮助教师加深对教学策略的把握，更好地开展教学活动。教学策略的特征主要有以下几个方面：

1. 指向性

教学策略的产生就是为了解决现实的教学问题，掌握特定的教学内容，达到预定的教学目标，收到预期的教学效果。任何教学策略都指向特定的问题情境、特定的教学内容、特定的教学目标，规定着师生的教学行为。不存在适合一切问题和内容的万能的教学策略。只有在具体的条件范围下，才能发挥教学策略的价值。当完成了一定的任务，解决了相应的问题，这一策略就达到了目的，与其相应的手段、技巧不再继续运用，而转向新的教学策略。

2. 操作性

任何教学策略都是针对教学目标的每一具体要求而制定的，具有与之相对应的方法、技术和实施程序，它要转化为教师与学生的具体行动。这就要求教学策略必须具有可操作性。

3. 整体综合性

教学策略包括教学活动的元认知过程、教学活动的调控过程和教学方法的执行过程。这三个过程并不是彼此割裂，而是相互联系的一个整体，彼此之间相互作用，每一个过程依据其它两个过程而做相应的规定和变化。也就是说，教师在选择和制定教学策略时，必须对教学的全过程及其各要素加以综合考虑。在此基础上对教学进程和师生相互作用方式作全面的安排，并能在实施过程中及时地反馈、调整。这一特征强调的是教学策略不是某一单方面的教学谋划或措施，而是某一范畴内具体教学方式、措施等的优化组合、合理构建。

4. 调控性

由于教学活动元认知过程的参与，教学策略具有调控的特性。元认知实质上是人对自身认知活动的自觉意识和自觉调节。它表现为主体能够根据活动的要求，选择适当的解决问题的方法，监控认知活动的进程，不断取得和分析反馈信息，及时调控自己的认知过程，维持和修正解决问题的方法和手段。教学活动的元认知就是教师对自身的教学活动的自觉意识和自觉调节，教师能够根据对教学的进程及其各种要素的认识反思，及时把握教学过程中的各种信息，及时反馈和调整教学的进程及其师生相互作用的方式，推进教学的展开，向教学目标迈进。当教师具有了教学元认知能力，能自觉认识和调节教学的进程时，教师对教学策略的运用就达到了较高的水平，教师的教学水平就达到了较高的境界。调控性表现了教师对教堂活动的及时把握和调整，表现了教学活动的动态性。

5. 灵活性

教学策略不是"万金油"式的"教学处方"，不存在一个能包揽一切的大而全的教学策略。教学策略与所要解决的教学问题之间的关系不是绝对的对应关系。同一策略可以解决不同的问题，不同的策略也可以解决相同的问题。这说明了教学策略具有灵活性。教学策略的灵活性还表现在教学策略的运用要随问题情境、目标、内容和教学对象的变化而变化，也表现为，为了教学目标的实现，教师可以采用各种可供使用的教学组织程序形式、方法、程序、手段等，且在教学过程中，还可以根据需要不断改变和调整。教学中不同教学策略面对同一学习群体会产生不同的效果，即便是采用相同的教学策略教同样的内容，对不同的学习群体也会产生不同的教学效果。

6. 层次性

教学具有不同的层次，加涅把教学分为课程级、科目级、单元级和要案级四种水平。不同的教学层次就有不同的达到教学目的的手段和方法，也就有不同的教学策略，教学策略可以来自理论的推行和具体化，也可以来自对教学实践经验的概括和总结。理论推行和经验概括水平和程度不同，形成的教学策略也就适用于不同的教学层次。可见教学策略的层次性是确实存在的。不同层次的教学策略具有不同的适用条件和范围，具有不同的功能，不能相互代替。另外，不同层次的教学策略之间尤其是相邻层次的教学策略之间是相互联系的，高一层次的策略可分解为低一层次的教学策略，指导和规范低一层次的教学策略。认识教学策略的层次性，有助于教师正确选择和运用它们，恰当发挥它们的价值。

二、教学策略的结构

任何教学策略都有其内在的结构。教学策略的结构是由它所包含的诸要素有规律地构成的系统。一个成熟的有效的教学策略一般应包含以下几个要素：指导思想、教学目标、实施程序、操作技术。

1. 指导思想

即某一教学策略所依据的理论基础，它能对具体的教学策略作出理论解释，是教学策略的灵魂。任何一种教学策略的背后都有一定的教学观念、教学理论作支撑。在教学策略的制定和实施过程中，教师拥有不同的教学思想，就会导致不同的教学策略出台。明确这一点，有助于教师有目的、有意识地贯彻教学理论，更好地发挥理论的价值，否则有可能陷入盲目和混乱。

2. 教学目标

任何一种教学策略都是指向一定的教学目标，为完成一定的教学任务而创立的。目标是教学策略结构的核心要素，对其它要素起制约作用。也就是说，一定的教学策略总是针对一定的教学目标的，并且总是尽力满足教学目标所提出的要求。对教学策略的运用，无论是活动内容，还是活动细节、活动方式，或者是活动的程序及其每个环节，都是指向教学目标的，为达成教学目标而存在。比如知识教学的讲授策略，其目标是通过教师对学生难以理解的教学内容进行分析、讲解，通过语言的表达，使教学内容简化成易理解易接受的内容，达到学生理解、把握和运用的目的。每一种教学策略都有一定的教学目标，但教学策略与教学目标又不是一对一的关系。一种教学策略可以有多种目标，其中又有主次之分。主要目标是区别不同策略的特点，也是适用教学策略的重要依据。这是教师在制定和运用教学策略时应当注意的。

3. 实施程序

即教学策略按时间展开的逻辑活动步骤以及每一步骤的主要做法等。教学策略是针对一定教学目标相互组织起来的程序化设计，因此有其自身的操作序列，它指出教师在采取一定的教学策略时先做什么、后做什么、再做什么。由于教学活动的复杂性和特殊性，教学策略的实施程序只能是基本的和相对稳定的，而不是僵化的和一成不变的，也就是说教学策略的实施程序有一定的前后顺序，但没有定式，可以随着教学条件的变化以及教学的进程及时调整和变换。

4. 操作技术

即教师运用教学策略的方法和技巧。要保证教学策略的实施有效和可靠，就必须提出一整套明确易行的行为技术和操作要领，它一般包括以下几个方面的内容：（1）教师方面，教师在教学策略中的角色、作用或对教师的要求；（2）教学内容方面，包括教学策略的根据及教师对教学内容的处理；（3）教学手段方面，除平常教学所需的教学手段外，还包括运用本策略所需特殊教学手段；（4）使用范围方面，包括本策略适用的学科性质、问题性质或年级层次等。以上几个因素相互联系，相互制约，缺一不可，它们完整地构成一定的教学策略。教师了解了教学策略的基本结构，就掌握了教学策略建构的要领，抓住了它的实质。这不仅有助于学习和借鉴有效的教学策略，而且有助于总结和建构自己的教学策略，让教师知道从哪些方面去总结归纳教学策略。

三、教学策略的运用

教师在制定和选择了适当的教学策略后，还要能够在教学实践中正确地运用。虽然教学策略有明确的指向性和一套实施的操作程序，具有可模仿性，但由于具体的教学活动过程中存在着许多变量，教学策略的运用并不能照抄照搬，而要在运用中有所变化，有所创造。

（1）要树立正确的教学指导思想。教学策略总是受一定教学思想、教学观念支配和规范的，教学策略的运用能否达到预期效果，关键在于是否有正确的思想指导。在错误的教学思想干扰下，无论采用什么样的教学策略，都不可能达到最佳教学效果。

（2）要树立完整的观点。每一种教学策略都有各自的功能、特点及应用范围和具体条件，而且又有各自的局限性。为了更好地完成教学任务，达成教学目标，教师必须坚持完整的观点，随教学的进程、环节及具体情况的变化，注意各种教学策略之间的有机配合，充分发挥教学策略体系的整体综合功能。

（3）要坚持以学生的自主学习为主。教学过程中，学生是学习的主人，教师的教是为了学生的学，是为了学生学会学习。教学的根本目的在于使学生学会做学习的主人，能自觉主动地学习，成为自我发展的主体。教学策略的运用应以此为根本指导思想，应通过采用各种有效的形式去调动学生学习的积极性、主动性和独立性，引导学生通过自己积极的智力活动去掌握知识、发展能力、完善人格。

（4）要寻求教学策略的多样化配合和变通运用。教学过程是具体而复杂的，教学内容是丰富多彩的，教学要完成的任务又是多方面的。因此实际教学过程中应当有多种策略，不可能一种策略从头到尾用到底，要根据不同的教学目标、不同的教学情境、不同的教学环节，采用不同的教学策略。从学生方面而言，必须根据学生的学习准备、认知风格、学习进度、学习技能等方面的个别差异来作出相应的变化和调整，以适应在班级教学中对学生进行个别指导的需要，要给每个学生提供尽可能多的参与教学活动的机会。因此，教学策略应呈现动态可调的结构。教师要根据教学的实际情况创造性地组织教学，融会贯通地理解和运用多样化的教学策略。

教学策略是为达到教学目标，完成教学任务，而在对教学活动有清晰认识的基础上，对教学活动进行调节和控制，并选择运用恰当的教学媒体所使用的方法或方式的总称。它是教师在教学实践中为提高教学效率，依据教学的计划、学生的身心特点，有意识地对教学规律、教学原则、教学模式、教学方法进行选择、筹划和灵活处理的过程。有效的教学策略能较好地发挥教学理论具体化和教学活动概括化的作用。因此教学策略是教学活动过程结构和教学方法的灵魂。教学策略的选择集中地反映了教学设计者的教育思想和主张，教学过程结构和教学方法组合运用的流程总是教学策略选择和运用的体现。最优的教学策略是在特定的教学背景下达成特定的教学目标的方法论体系。

教学策略在教学过程中起很重要的作用。在课堂教学情况下，教学策略体现于教案和教师在课堂上的发挥。教学策略分普遍性教学策略和具体性教学策略。从适用范围角度，普遍性教学策略是指不与具体的学科知识和技能教学紧密相连的策略，如学习动力激发、课堂组织等策略；具体性教学策略是指针对某一具体知识和技能教学的策略，如语文学科的识字教学策略、作文教学策略，英语学科的听说教学策略、词汇教学策略等。

教学策略选择与制定的依据与原则

一、教学策略选择与制定的依据

从前面论述的有关教学策略的内涵、特征、结构可以看出，教学策略是复杂多样的，影响因素也是众多的，这就涉及到教学策略的有效性问题，要求教师在教学策略的制定、选择和运用时，必须有一定依据，坚持一定的原则。

制定出恰当的教学策略还必须依据一定的科学理论。

（1）依据教学的具体目标与任务。不同的教学目标与教学任务需要不同的教学策略去完成。教学目标不同，所需采取的教学策略也不同，即使是同一学科的教学也是如此。

（2）依据教学内容。一般来说，不同学科性质的教材，应采用不同的教学策略，而某一学科中的具体内容的教学，又要求采用与之相适应的教学策略。

（3）依据学生的实际情况。教师的"教"最终是为了学生能够更好地"学"，教学策略要符合学生的原有认知水平和个性特征。所以，选择和制定教学策略要考虑学生的已有知识、能力、智力、学习态度、学习气氛诸方面的条件水平，要能够调动学生的学习积极性，才能达到良好的教学效果。

（4）依据教学策略的适用范围和使用条件。每种教学策略都有各自的适用范围和使用条件，同时又有各自的优点和局限。某种教学策略对于某种学科或某一课题是有效的，但对另一课题或另一种形式的教学可能是完全无用的；某种教学策略对于某些认知水平或具有某些学习习惯的学生是有效的，但对于另外某些学生可能是完全无效的，甚至会产生不好的学习效果。如传授新知识的谈话策略，是以学生的知识准备和心理准备为前提条件的，离开了这个条件，用谈话策略去传授新知识是困难的，不会收到满意的效果。

（5）依据教师本身的素养。教学策略的运用是要通过教师来实现的，每个教师在选择和制定教学策略时都要考虑自身的学识、能力、性格诸方面条件，尽量扬长避短，选择那些自己所熟悉、能够灵活运用的、能施展自己聪明才智的教学策略。

（6）依据教学条件和教学效率的要求。已有的教学条件是短期内难以改变的，尤其是在选择媒体时，尽量选择在教学条件允许的范围内，能够实现教学最优化的媒体。教学策略研究的一个重要目的就是提高教学效率，提高教学质量。在实际教学中，制定和选择某种教学策略，还应考虑教学过程中出现的问题，做到省时高效。好的教学策略应是高效低耗，至少能在规定的时间内完成教学任务，实现具体的教学目的，并能使教师教得轻松，学生学得愉快。

二、教学策略的选择与制定原则

在了解了教学策略的特征与结构的基础上，教师要制定科学有效的教学策略，还需遵循以下原则：

1. 学习准备

学生为了完成一定的学习任务，必须具备一定的认知水平。熟练掌握一定的知识技能，这样才能保证有可能达到一定的教学效果，所以教学策略中应该包含对学习准备的测验等相关程序。

2. 学习动机

学生有学习动机才可以促进学习。教师可以通过让学生确认掌握教材的意义和价值，以及通过制定他们期望达到的目标来进行激发。所以，提供的学习内容和采取的教学方式，应当对学生具有挑战性，并且要使学生有自信能够成功，同时要帮助他们端正学习态度。

3. 目标范例

在制定教学策略时，不但要考虑到教学目标，而且应当尽量展示给学生一些典型例子，这些例子能表现出学习活动结束时能产生的结果或完成的行为，使学生对需要掌握的知识技能有理解的方向和模仿的榜样。

4. 内容组织和分块

较为恰当的教学内容呈现顺序能够使学生更容易地完成教学任务，并能较容易的理解知识和保持长久的记忆，这个过程可以根据相关的教学流程图来完成。还应将教学内容进行分块，分块的大小应根据内容的复杂和困难程度，以及学生的特点、学习的类型而定。

5. 适当指导

教师应该及时给予学生指导和提示。而且这种指导或提示应该随着教学过程的进展逐渐减少，即让学生有更多的自主决策权，使他们最终在没有教师指导或提示的情况下也能完成该学习任务。

6. 积极反应

在教学过程中应该有意识地引发学生对所呈示的教学内容以各种方式作出反应。可以用提问的方式激发学生的思考，采用各种方式引起学生积极的发生反应。

7. 重复练习

在制定策略时，应当考虑到尽量提供给学生各种练习机会，以重复表现其习得的知识和技能。不断地或定期地练习新学的知识技能，促进记忆和迁移，锻炼其应用能力。

8. 及时反馈

学生应该及时地或经常地了解自己的理解或反应是否正确。为了强化学生的行为，必须让学生知道成功反应后能够得到的好处。可以给学生提供一种效果标准，以评定自己反应的正确性。当学生的理解或反应不正确的时候，则应适时告诉他们正确的理解或反应。

9. 个别差异

人类个体的心理特征不同，所以学习的速度和方式不同，教学活动的安排需适应学生的个别差异。制定教学策略时要设身处地以学生为出发点，尊重学生的独特的认知、情感和人格特征，尤其是对于学习较差的学生，应更加注意理解和尊重。

对于教学来说，若要成功地达到教学目标，完成教学任务，需要解决"如何教"的问题，所以掌握一定的教学策略是必要的，但是没有任何一种策略能够适用于任何教学情境中。好的教学策略应是高效低耗，能够使学生在规定的时间内实现教学目标，并能使教师的教和学生的学都能愉快地进行。

三、教学策略的层次

教学策略是对实现特定的教学目标而采用的教学模式、方法、形式、媒体等因素的总体考虑。通过教学策略这一中介桥梁，教师把教育教学观念具体化为可以理解、把握并真正实施的日常教学行为，教师可以把教学策略划分为三个层次：

（一）宏观的教学策略

宏观的教学策略指与新课程所倡导的学习方式直接对应的教学策略，如自主学习的教学策略、合作学习的教学策略以及研究性学习的教学策略。

1. 自主学习的教学策略

自主学习是指个体自觉确定学习目标、制定学习计划、选择学习方法、监控学习过程、评价学习结果的过程或能力；它强调个体学习的主动性，与被动学习相对。

自主学习的教学程序和策略一般为：

①确定学习目标；

②学生自学；

③自学检查；

④集体讨论；

⑤教师讲解；

⑥练习巩固；

⑦课堂小结。

2. 合作学习的教学策略

合作学习是在教学中运用小组形式，使学生共同开展学习活动，以最大限度地促进他们自己以及他人学习的一种学习方式。它强调学习的协作与交流，与孤立的学习相对。如在教学中，促进学生合作学习的教学模式和策略一般表现为：

①选定课题；

②小组设计；

③安排课堂；

④呈现学习材料；

⑤开展学习活动；

⑥提交小组的学习结果。

3. 研究性学习的教学策略

研究性学习是一种以问题为载体、以主动探究为特征的学习活动，是学生在教师的指导下在学习和社会生活中自主地发现问题、探究问题、获得结论的过程；它强调以探究、发现的方式学习，与接受学习相对。

目前，只有在高中课堂中开展研究性学习较多，一般可以按照如下模式和策略进行：

①创设问题情境；

②界定问题；

③选择问题解决策略；

④执行策略；

⑤结果评价。

以上三种学习方式可以相互补充、搭配使用，以起到更好的教学效果。其中一个可以参照的程式为：首先鼓励学生对学习内容进行自主学习；如果自主学习过程中产生疑问，就鼓励个体开展探究性学习；如果个体研究还不足以解决问题，就开展小组或集体合作的探究学习，直至把问题解决。

（二）微观的教学策略

微观的教学策略指针对自主、合作和研究性学习中比较共性的核心问题而采取的相对具体的微观策略，如问题设计策略、自我效能感激发策略和认知策略的教学策略等；

1. 问题设计策略

在新的课程方案的要求下，教师如何设计或引导学生提出问题，并提出高质量的问题，将成为教学极为重要的一个方面，并且在一定意义上，它也将成为衡量教学是否成功的主要标准之一。

问题设计的原则：

①教师设计的问题的内容应该适合学生的知识基础，应该以学生已有的知识、技能为起点；

②教师设计的问题应该包含着几条线索，能够激励学生沿着这些线索展开研究；

③教师设计的问题最好与学生的职业发展联系在一起；

④教师在设计的问题情境中应该提供相关的基本性的概念，以激励学生整合这些知识；

⑤教师应该能够通过鼓励学生生成学习问题并查阅文献，来激发学生自主学习；

⑥教师设计的问题应该能够引发学生讨论、探询更多的答案，激发学生对学习内容的兴趣；

⑦教师设计的问题应该与一项或多项学习目标相对应。

问题设计的方法：

在新课程方案的实施中，教师可以更多地设计结构不同的问题。而根据问题在学习过程中所起作用的不同，可以分为如下5类：

①用于引发学生兴趣的问题；

②用于引导学生深入思考的问题；

③用于检验所学内容的掌握情况的问题；

④引导迁移、应用的问题；

⑤用于激发生成、创新的问题。

2. 自我效能激发策略

自我效能感是指个体相信自己有能力完成某种或某类工作和任务，是个体的自信心在某些活动中的具体体现。它不仅影响学生对学习任务难易程度的选择，完成某项任务时努力的程度，还影响着学生在学习过程中的情绪体验，沉着、冷静还是紧张、焦虑。很多研究证明，自我效能感低下是导致部分学生缺乏内在学习动机，导致学习不良的重要原因。如果学生的自我效能感过低，那么，无论教师的问题设计多么巧妙，自主、合作、探究的学习都会因为缺少了内在动力而无法进行。这就像汽车少了发动机，再好的司机也无能为力。

可供参考的激发策略主要有这样几点：

①为学生提供更多的学习成功的机会；

②为学生树立合适的学习榜样；

③对学生的学习进步给予适当的归因反馈；

④言语说服。

3. 认知策略的教学策略

认知策略泛指一切有利于增强学习效果的认知程序和方法。结合认知心理学的研究成果，提供如下的一些教学策略作为参考：

①激发学生学习认知策略的内在动机；

②按照程序性知识的学习规律教学；

③在具体情境中教授认知策略；

④每次只教少量的策略；

⑤指导学生监控认知策略的使用；

⑥让学生与同伴一起练习学习策略的运用。

（三）反思性教学策略

1. 理论思考与教学研究

①理论思考

对教育教学理论的学习和思考有助于教师掌握相关的理论知识，奠定教学活动的理论基础。在理论的指导下，教师的教学实践水平才能不断提高。同时，对理论的思考也有助于教师积极将外部教育教学理论转化为现实的教学实践。

②教学研究

反思性教学致力于消解教育理论与实践之间的二元分离，教师既是教学实践的主体，又要对教育教学理论的发展做出贡献。进行教学研究是教师理解前沿的教育教学理论，反思自身的教学实践并提出新的教学理论和观点的重要途径。

2. 观摩与讨论

观摩与讨论的目的在于通过教师之间的相互观察、切磋和批判性对话来提高教学水平。教师在反思自己的教学实践时往往局限于个人的视野而难以发现问题和缺陷，而同事之间的观摩和讨论可以为教师反思个人的教学实践提供新的思路和借鉴。

3. 体验与撰写反思札记

体验意味着作为教学主体的教师对教学行为的自觉体悟和反省，体验使得反思型教学超越单纯的技术或方法论层面，而成为教师的存在方式和专业生活方式。为了进行有效的体验和反思，教师可以通过撰写反思札记帮助自己进行教学反思。反思札记的撰写比较随意，就是把教学过程中的一些感触、思考或困惑记录下来，以帮助自己重新审视和认识自己的教学行为。

在此，以高中课程为例，针对高中各科教学的特点我们尝试分别设计了一些具体的教学策略。

下面选取其中几种来介绍。

1. 中学化学探究性实验设计策略

中学化学探究性实验设计策略是对探究活动的本质抽象，以期为中学化学探究性实验提供一种操作性较强的设计思路。

（1）选题。选题是实验设计能否顺利进行的关键，实验设计的题目一般是经过师生共同讨论而定，教师要最大限度地尊重学生的意见，不能将自己的意志强加给学生，那样学生会对实验失去兴趣，达不到实验设计预期的目的。题目一定要符合学生的爱好、特长和知识基础，并且还要具有一定的开创性，激发其实验的兴趣，使他们自觉投入到实验中去，最大限度地发挥学生的创造能力。

（2）明确目的。在进行实验设计之前，首先要明确所做实验的目的。化学实验目的是化学实验设计的"航标灯"，是化学实验设计的重要内容之一。不仅要考虑学生了解什么、掌握什么等知识目标和技能目标，还要考虑到要提高学生的什么能力、对实验过程有什么体验等能力目标和情感目标。

对于高中生来说，由于他们在生理和心理方面比较成熟，思维方式主要以逻辑思维为主，则要求他们阐明问题、方法、变量的选择与控制（如识别不产生影响的变量、影响较小的变量、对结果有负面影响的变量）、实验的误差；学会确定数据的范围、数据的平均值、根据数据做图和寻找异常数据等。

（3）提出假设。所谓假设，就是人们根据已有知识，对所研究的事物或现象做出初步的推测。针对探究性实验来说，提出假设就是根据实验内容、实验原理和收集到的资料，对实验结果进行合理地推论或推理。同一个实验可以有多个假设，在探究过程中逐渐舍弃不正确的假设，向正确的结果逼近。当然，假设可以在探究过程中做必要的修改，以便少走弯路。

（4）收集并鉴别资料或信息。这里的信息或资料包括：

①实验前所掌握的化学知识、学生已有的生活经验；

②利用各种渠道（图书馆、互联网、调查）得到的信息；

③在探究过程中学生亲自观察、记录的信息，或是从中抽象概括出的信息；

④与老师或是与同学之间交流得到的信息。只有信息或资料的来源可靠、丰富而又全面时，才有可能形成正确的概念、判断和推理，也就是才可能有比较合理的假设，最终得出正确的结论。

（5）拟出探究初步方案。就是要周密地、全面地对实验的全过程进行统筹计划和具体设想。根据自己所掌握的基础知识和已有的经验，并结合课本和收集到的资料，每组或每个学生单独进行实验设计。在实验设计过程中教师应提出实验设计的一些基本要求。

①探究性实验设计的内容：一个相对完整的化学探究性实验设计方

案应涉及到实验的方方面面，主要包括：实验题目、实验目的、实验原理、实验用品、实验步骤、实验装置图、注意事项、实验现象、记录结论的文字表达方式与交流方式。

②中学化学探究性实验设计的具体格式。可以根据实际情况，采用不同的形式。一般来说有三种格式：文本式、流程式、表格式。

（6）验证、修订。学生独立进行实验设计后，方案未必是最合理、最完美、最简便的，教师要分别进行指导，与学生一起讨论实验设计方案，并指出实验方案中的创新之处和方案中的缺陷或错误之处。对于有问题的方案，针对问题的性质，可能要回到前面的某一步，重新进行相关的设计步骤，直到问题得到妥善解决。综合性强的课题，有时可能要经过几个反复后，才能得到较为满意的方案。存在问题的方案不能贸然实施。

学生实验后再来修订方案是非常重要的一环，"事后诸葛亮"在这里是非常有用的，这与提倡的"反思性学习"相契合。事先想得再好也不可能与实际操作完全一致，因为各种随机因素不时出现，同样的方案不同的人进行操作可能结果不同等等。这时，进行总结性修订对方案的完善有着不可替代的作用。

需要特别指出的是：探究性实验是开放性的探究活动，在实际操作过程中，不应该过多地受策略的约束或限制，更不能让探究的过程程序化、固定化。同样，探究性实验设计也并不是必须按某个固定程序进行。前面所提及的"选题"、"明确目的"、"提出假设"、"收集相关资料"、"拟定探究方案"和"验证与假设"，是探究性实验设计的主要要素和一般程序，而不是固定的规范或模板。

《氯气与水反应及"氯水"中具有漂白作用的微粒探究》

教学策略

（一）实验设计过程

1. 选题

根据实验中学生的疑问：（1）根本看不到明显的现象变化，怎么知道氯气确实与水发生了化学反应？（2）氯水能使有色物质褪色，又是哪种微粒在起作用呢？选了这个探究题目。

2. 探究的目的

（1）巩固使用试纸的操作技能。

（2）培养学生正确观察实验现象的方法。

（3）使学生体验知识获得过程的艰辛与快乐。

（4）培养学生的探索精神和创新能力。

3. 提出假设

（1）若氯气与水反应了，则溶液中应该有 H^+ 和 Cl^-。根据氯气分子和水分子的结构分析，其反应方程式应为：$Cl_2 + H_2O = HCl + HClO$。

（2）氯水中具有漂白作用的微粒可能是：Cl_2 或 H^+ 或 Cl^- 或 $HClO$ 或 ClO^-。

4. 收集相关资料

（1）次氯酸由于具有强的氧化性能使某些有色物质被氧化而褪色。

（2）石蕊和酚酞等酸碱指示剂是易被氧化的有机物。

5. 拟定探究方案

仪器：集气瓶、胶头滴管、试剂瓶、表面皿、小试管、玻璃棒。

药品：氯气、蒸馏水、干燥有色布条、紫色石蕊试液、PH 试纸、酚酞试液、氢氧化钠溶液（0.1 摩尔/升）、盐酸（0.1 摩尔/升）、碳酸氢钠溶液（0.1 摩尔/升）、硝酸酸化的硝酸银溶液。

第一步：探究氯气是否与水反应，就是检验氯水中有无 H^+、Cl^-。

（1）检验氯水中是否有 H^+，方法有多种：

①用紫色石蕊试液检验，观察溶液是否变红，如果溶液变红，说明溶液中有 H^+；

②可以加入锌粒或加入碳酸氢钠，观察有无气泡冒出，如果有气泡冒出，说明有 H^+；

③用 pH 试纸检验，确定其 pH 值。

（2）检验氯水中有无 Cl^- 的方法是：用硝酸酸化的硝酸银溶液检验溶液中有无 Cl^-。

第二步：探究是氯气还是氯水使有色布条褪色。

取两瓶干燥的氯气，第一个瓶中放入的是干燥的有色布条，第二个瓶中放入湿润的同样的有色布条，观察发生的现象。

第三步：探究氯水中哪种微粒具有漂白作用。

（1）各取 10 滴盐酸和氯水分别滴到有色布条（有色的鲜花）上，观察发生的现象。

（2）向盛有 2 毫升氢氧化钠溶液（含有 1 滴酚酞试液）中逐滴加

盐酸至过量，观察溶液颜色的变化。然后向此溶液中滴加氢氧化钠溶液，观察颜色的变化。

（3）向盛有2毫升氢氧化钠溶液（含有1滴酚酞试液）中逐滴加入氯水至过量，观察溶液颜色的变化。然后向此溶液中逐滴加入氢氧化钠溶液至过量，观察溶液颜色的变化。

（4）向氯化钠与次氯酸钠混合溶液中，滴加一滴酚酞，观察溶液颜色的变化。

6. 验证与修订：实验过程中发现，"用锌粒或碳酸氢钠来检验氯水的酸性"是行不通的，此假设需要舍弃。

注意事项：

（1）要用新制备的氯水，长时间放置的氯水次氯酸已分解，没有漂白性。

（2）氯气有毒，防止氯气对身体的伤害和环境污染。

（3）用PH试纸测氯水的PH值时，滴加的氯水量不要太多，防止试纸被氧化。

（4）氯化钠与次氯酸钠的混合溶液（将氯气通入氢氧化钠溶液中制得）要提前制好，并放置一段时间，防止混合溶液中有次氯酸。

（二）实验探究过程

第一步：探究氯气是否与水反应。

取三支小试管编号为1、2、3，分别加入2毫升氯水，然后在这三支小试管中分别加两滴紫色石蕊试液、加5滴碳酸氢钠溶液、两滴硝酸酸化的硝酸银溶液。

表1　氯水中氯离子和氢离子的检验

试管	加入的物质	现象	结论	原因分析
1	紫色石蕊试液	溶液先变红色，后褪色	不能确定氯水中有无氢离子	氯水的漂白性覆盖了它的酸性
2	碳酸氢钠溶液	无气泡生成	不能确定氯水中有无氢离子	氢离子的浓度可能太小
3	硝酸酸化的AgNO$_3$	白色沉淀	溶液中有Cl$^-$ Ag$^+$ + Cl$^-$ = AgCl↓白色	

通过表1可以看出，氯水中有氯离子。

为了确定氯水中有 H^+，取一片 PH 试纸放到表面皿上，滴上一滴氯水，观察到氯水的 PH＝3。说明氯水中确实有 H^+。

结论：氯气与水发生了反应。

第二步：探究氯气能否使有色布条褪色。

制取两瓶干燥的氯气，第一个瓶中放入的是干燥的有色布条，第二个瓶中放入是湿的同样的有色布条，观察发生的现象。

表2　氯气能否使有色布条褪色试验

氯气	有色布条	现象	推论
1	干燥	有色布条不褪色	氯气不能使干燥有色布条褪色
2	湿润	有色布条褪色	氯气能使湿润的有色布条褪色

结论：氯气与水反应后的产物才能使有色布条褪色。

第三步：探究氯水中哪种微粒具有漂白性。

（1）各取 10 滴盐酸和氯水，分别滴在有色布条上。

表3　探究哪种微粒使有色布条褪色

溶液	现象	推论
盐酸	有色布条不褪色	H^+、Cl^- 不能使有色布条褪色
氯水	滴氯水处，有色布条颜色褪去	氯水能使有色布条褪色

推论：盐酸即 H^+、Cl^- 不具有漂白性，是氯水中的其它微粒使有色布条褪色。

（2）往 NaOH 溶液中先滴加一滴酚酞，溶液变成红色。然后逐滴加入盐酸，红色褪去；再向此溶液中滴加氢氧化钠溶液时，溶液又变为红色。

解释：在氢氧化钠溶液中滴加盐酸时，盐酸与氢氧化钠发生了中和反应，使红色褪去。当继续滴加氢氧化钠时，又使溶液呈碱性。所以溶液又变成了红色。

推论：酸或碱与酸碱指示剂的反应是可逆的。

（3）往含有酚酞的 NaOH 溶液（红色）中逐滴加入氯水至过量，红色褪去。再往此溶液中逐滴加入（没有滴加酚酞）氢氧化钠到溶液至过量，溶液并没有再变成原来的颜色——红色。

解释：氯水中的盐酸和次氯酸中和了 NaOH 并使溶液呈酸性后，由于次氯酸的漂白作用使指示剂的红色褪去，再加氢氧化钠时，溶液不能再变成红色了。

推论：氯水使指示剂变色不可逆，与酸或碱使指示剂变色有本质的差别。

（4）将一滴酚酞滴入氯化钠与次氯酸钠混合溶液（氯气通入氢氧化钠溶液制得）中，溶液立即变成红色。

推论：此混合溶液中，有大量的 ClO^- 离子，而酚酞没有被漂白（被氧化），说明 ClO^- 离子不具有漂白性。

最后结论：（1）氯气确实与水发生了反应；（2）使有色布条褪色是微粒是 $HClO$。

2. 历史新课程的情感教学策略

情感教学是指在教学中帮助学生在认知的同时产生主观体验，促使其情感发生变化的教学观。历史学科情感教学策略则是通过历史基础知识传授，帮助学生在认知的同时，产生主观体验，促使其道德感、理智感、爱国主义情感、审美感等发生变化，并产生积极情感的教学执行过程，是实施历史新课程必不可少的课堂教学策略。其基本的实施形式有：

（1）用创设的情境来烘托情感。在教学中紧扣教材内容选播一些有关的录像和音乐，使学生如临其境，触"境"生情，激发学生学习的积极情感。如：

在讲"九一八"事变时，为了引起学生情感的共鸣，可以播放歌曲《松花江上》。这首富于离愁别恨感情的历史歌曲，很容易把学生的思绪和情感都带入了历史上的"九·一八"事变中去，从而激发学生的民族意识和历史责任感。在讲"鸦片战争"时，可以播放电影《鸦片战争》中"关天培血战虎门"这一段，英雄的壮举可以激发起学生的积极情感，从而帮助学生树立起无产阶级的价值观、人生观和世界观。

历史教学挂图和教材上的历史图、人物图，也是创造历史情景的重要条件。一个画面反映了一个历史事件，有着深刻的内涵。如：

讲唐朝的《步辇图》，有的老师在引导学生观察的同时，绘声绘色地描述了唐太宗三考吐蕃求婚使者的故事，使学生也仿佛进入了图中，共庆民族团结，分享共同创造祖国文明的快乐。

通过历史情境的创设，使学生融入历史事件中去观察、思考，学习的兴趣被调动起来，探究的欲望得以增强。

（2）用形象生动的语言诱导情感。如：

讲述甲午中日战争中的"黄海大战"时，我们可以这么生动形象的讲述："……致远舰在激烈的海战中勇往直前，多次中弹，船身严重倾斜，最后不幸又被鱼雷击中，全舰250多人壮烈牺牲。就在船身即将沉没时，随从扔给落水的邓世昌一个救生圈，可是他因全舰沉没，义不独生，摇手拒绝了，这时他所养的名叫'太阳'的爱犬叼住了他的肩膀不使其下沉，邓世昌毅然揽住爱犬，一同沉没在黄海的波涛之中……"。例如在讲解斯巴达克最后英勇斗争，壮烈牺牲的场面："斯巴达克一个人对付着团团围住他的七八百敌人，他两眼闪着怒火，声如雷霆，闪电般挥舞着短剑把扑向他的敌人一个一个地刺死，激战中他左腿被刺伤，忍着剧痛跪在地上，像一头怒吼的雄狮，用非凡的英勇精神，一次又一次地击退敌人。而他身上也已连中七八枪……（以上声调可激昂愤慨，此处略停顿，然后转低沉缓慢，沉重地说）他倒下了！"

还史事以细节，赋枯燥以形象，不仅培养了学生浓厚的学习兴趣，而且强烈震撼着学生的心灵，引起学生情感的共鸣。

（3）用表情动作来强化情感。如：

在讲"宗泽支持义军抗金斗争"一段："宗泽一边整顿开封防务，一边联络北方义军，各路义军在宗泽的号召下，百万人云集开封周围准备听从部署，（讲到这里时脸上要有一种自豪的表情），宗泽先后20多次上书，要还都开封，收复失地，却被苟且偷安的宋高宗拒绝，由于多次建议得不到采纳，不久一代名将竟忧愤而死（惋惜的表情）。去世前，他念念不忘收复大业，悲愤中吟诵杜甫的诗句：'出师未捷身先死，常使英雄泪满襟'，然后连呼三声'过河'抱憾而终。（教师可用悲愤的表情一声比一声高地呼叫'过河',同时举起右手,最后一声用力一挥)。"

声情并茂的讲解,既将一代名臣忧国忧民的思想感情表现得淋漓尽致,又增强了教学的形象性、趣味性,升华了教学情感。

(4)及时引导学生交流各自的情感。比如,在引导学生把握了郑和下西洋的意义后,并不直接结束教学,可以话锋一转,向学生发问:"你认为郑和的举动给了我们哪些启示呢?"(学生在短暂的思考后,各抒己见,争先发言。)

学生1:我认为郑和能七次远洋航行,表明他是具有非凡意志和耐力的人,我佩服他,做事一定要坚持到底。

学生2:郑和能够带着那么多人和货物,探索未知的世界,这种勇于探索的精神值得我们学习。

学生3:郑和所到之处,受到了各国的热烈欢迎,各国使者还随宝船来到中国,这说明郑和作为中国外交的使者,为中外友好做出了重要贡献,我们也应该学习他,成为一个自觉维护世界和平的公民。

学生4:我觉得中国的货物要么赠送,要么低价出售,这真不划算,应该在贸易中实行平等交换的原则。

学生5:我觉得他去西洋只是为了宣扬国威,这点不好,有点骄傲自大,做人方面可要不得。

在学生回答完后,教师还可以总结一下:"同学们都有自己的见解,这样很好。郑和下西洋的壮举,给了我们做人、做事的很多启示,希望你们发扬郑和不畏艰险、勇于探索、热爱和平的精神,走好人生的每一步。"这样,一方面是教师主动挖掘了教材丰富的人文内涵,一方面是学生在亲身"经历"的过程中,实现了知识与能力乃至生命的同步发展,从中受到熏陶、感染,升华了自己的生命。

附:"鸦片战争"一课的教学设计。

教学过程:
一、情境导入(5分钟)
通过前面古代史的学习,我们知道,我国古代在经济、政治、科技等方面都长期处于世界领先地位，取得了一系列举世瞩目的辉煌成就。可是后来，巨星陨落了，一场弱肉强食的战争揭开了中国近代史的序幕。大家知道这场战争叫什么名字吗？看过有关这段历史的电影吗？（放映电影中关天培血战虎门的片段）看着这冲天的炮火，你想到了什么？英国为什么要发动这场战争？中国人民的奋勇抵抗能赢得这场战争吗？为什么说它是中国近代史的开端？带着这些问题，我们一起来学习"鸦片战争"这部分内容。

二、提纲导读、评价释疑（20分钟）

请同学们带着这几个问题先阅读教材相关的内容。（出示导读提纲）：

1. 鸦片战争前的国内、国际形势分别是怎样的？

2. 英国为什么要用鸦片打开中国大门？结合史料谈谈鸦片贸易给中国带来了什么灾难？

材料一：鸦片迄流毒于天下，则为害甚巨，法当从严。若犹泄泄视之，是使数十年后，中原几无可以御敌之兵，且无可以充饷之银。

材料二："烟枪即铳枪，自打自受伤，多少英雄汉，困死在高床！"——佚名

材料三："非法的鸦片贸易年年靠摧残人命和败坏道德来充实英国国库。"——马克思

3. 虎门销烟是怎么一回事？概括一下林则徐的爱国进步思想。

4. 读《鸦片战争形势图》，了解战争经过，分析《南京条约》、《望厦条约》、《黄埔条约》的内容，说说战后中国的领土和主权遭到了哪些破坏？中国的社会经济和战前相比发生了什么变化？中国的社会性质发生了什么变化？

5. 说明第二次鸦片战争是第一次鸦片战争的继续与扩大。（启发学生从战争时间的长短、侵华列强、签订的条约、割地、赔款、通商口岸、影响等方面来说明）

（阅读完后，逐一请同学回答上述问题并评价，然后对一些重点内容进行强调和总结）

三、讨论深化、创新训练（10分钟）

1. 有人说，"如果林则徐不禁烟，英国就不会发动鸦片战争了"这个观点对不对？为什么？

2. 有人认为，"鸦片战争加速了中国近代化的到来，功不可没。"

你同意这种观点吗？理由是什么？

四、巩固运用（7分钟）

1. 填空：（略）

2. 选择：（略）

3. 思考题：

160年前的鸦片战争，中国开始丢国土、丧主权的悲惨史，进入半殖民地半封建社会。160年后的今天，怎样使悲剧不再重演？请谈谈你的思考。

五、小结（3分钟）

（结合板书设计）本课以鸦片战争为核心，分别阐述了爆发的形势背景，即清政府腐朽衰落，欧美扩张崛起，所以他们将侵略的矛头指向了中国。为了改变对华贸易的逆差，英国向中国大量输入鸦片，这给中华民族带来了沉重灾难。林则徐领导的禁烟运动，虎门销烟的壮举，永载史册。1840年6月，英国以中国禁烟为借口，发动了鸦片战争，强迫清政府签订了丧权辱国的《南京条约》等一系列不平等条约，从此中国开始沦为半殖民地半封建社会。为了扩大侵略权益，1856年10月，第二次鸦片爆发，它是鸦片战争的继续与扩大。列宁说："忘记了历史就意味着背叛。"我们应该牢记这段屈辱的历史，应珍惜安定团结的大好局面，落后就要挨打，为实现中华民族的伟大复兴，大家责无旁贷。

四、高中英语教学中的多维文化信息输入策略

（一）理论依据

该策略主要基于克拉申输入假说（Input Hypothesis）和Kramsch, C. 的文化理论框架。著名语言教育理论家克拉申（Krashen, 1985）认为教师应为学生提供大于学生目前语言能力的信息输入量；同时创设轻松愉快的学习氛围，使学生在心理障碍最小的状态下自然习得语言。适当的语言输入和适度的情感过滤可以促进学生的语言习得，产生良好的学习效果。Kramsch, C. （1993）认为外语学习既是进入目的语文化的一种社会化过程，又是用目的语表达自己的语言习得过程。因此，外语学习中学生需要了解相应文化背景知识。而通过真实材料进行观察模仿是英语学习者学习英语文化的主要形式之一，这一点在新课程标准中也

有明确阐述。

（二）策略优势

该策略强调借助多媒体手段以专题形式进行文化教学。一方面强化主题教学内容，另一方面增加信息输入量，激发学生的学习兴趣，培养其文化意识，提高其文化敏感性和跨文化交际能力。

我们来看下面的教学案例：

教学材料：《走遍美国》中的一个文化片断，涉及到如何问路、介绍、问候、告别等。

教学目的：以教学材料为基础，结合相应音像材料，帮助学生了解相关文化信息，提高其听读技能，使他们熟悉并掌握有关交际功能的表达方式。

适用范围：7—9 年级

师生角色：教师为指导者、评价者，主要组织文化材料并创设真实交际环境；学生为交际主体，反复进行模拟、角色扮演等活动以提高自身交际能力。

教学过程：

1. 教师介绍相关英语表达方式（如问路、介绍、问候、告别等），播放 VCD（教学材料），引导学生进行跟读、仿读、分角色朗读等活动，指导他们注意语音语调，理解说话人的意图和态度。

2. 教师指导学生在正确理解会话含义的基础上，分析篇中人物完成交际任务的方式和策略，并将自己的分析记录下来。

3. 学生在课堂上互相交流自己的分析，形成统一认识后运用这些交际策略设计对话，并进行即时演出。教师对学生的成就予以鼓励性评价，同时指出不足之处。

4. 教师提供其他具有类似语言交际功能的课件，与同学们共同交流并指导他们留意其中的文化内涵。要求学生课后查找资料，制作类似课件。

5. 教师与学生一起对所做课件进行评估，交流信息并将其存在教学资料库中，以与其他同学分享，使他们身临其境地感受外国的语言文化，运用所学语言文化知识进行交流。

上述案例的教学策略借助图文并茂的音像形式以呈现丰富多彩的文化信息，从而激发学生的学习动机，使他们在轻松愉悦的氛围中提高归纳总结能力和口头表达能力，进一步培养其跨文化交际能力和自主学习能力。

　　另外，化学教学中我们还有学生小组合作探究策略，合作调查策略，微型实验探究策略；数学教学有体现数学文化的教学策略，数学课题学习的教学策略，重视数学阅读自学的教学策略，贯彻自主学习理念的数学教学策略；历史教学还有问题教学策略，交流合作策略；英语教学有多维文化信息输入策略，自主学习意识培养策略，结合探究策略等，不再赘述。教学过程是具体而复杂的，教学内容是丰富多彩的，教学要完成的任务又是多方面的。因此实际教学过程中应当有多种策略，不可能一种策略从头到尾用到底，要根据不同的教学目标、不同的教学情境、不同的教学环节，采用不同的教学策略。

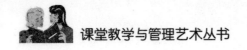

摒弃拿来主义

在课堂教学实践中，教师们时常会遇到这样的疑问——观摩了优秀教师的课，把教案原原本本地搬回自己的课堂后，却为什么达不到预期的效果？同样的问题设计，举手的学生寥寥无几；同样的学具操作，并没有起到理解知识的作用；同样的探究方法，却让学生的目光里充满着迷惑……其实，在此刻我们应该思考的是一个问题—这份教案是否适合自己的课堂，也就是这样的教学策略是否适合自己的学生。

教学策略是教学设计的重要组成部分，选择恰当的教学策略更是课堂教学成功与否的关键。所谓"教学策略"，主要是指为了达到教学目标或教学任务，根据教学内容的特点和学生的特点，选择或研究制定对策和方法。它包括教学方法、教学媒体、教学的组织形式、教学引入、问题设计、练习选择等等各方面的决策。定义中明确指出选择教学策略的重要依据是"教学内容"和"学生"，两者缺一不可。优秀教案的挪用无疑只满足了教学内容的要求，而忽略了学生差异的需求。因此对教师而言，不能一味地关心自己的教学思路，完成自己的教案，而是要更多地考虑学生的需要。使教师的教案符合学生的实际情况，而不是学生适应教师的教案。

那么教师应该从哪些方面去思考学生的需要，又怎样选择合适学生的教学策略呢？

了解学生基础，把握认知起点，设计教学引入

教师若要满足学生的要求，首先要了解学生的认知基础。学习起点是影响学习新知识的重要因素，在教学策略的选择之前，教师应该把与教学内容有关的前继知识加以梳理，并预测学生的掌握程度。然后仔细分析新授内容的教学目标，同时了解是否有学生已经掌握或部分掌握了教学目标中要求学会的知识和技能，有多少人掌握，掌握的程度怎样？只有准确了解学生的学习现状，才能抓准教学的真实起点，根据学生的实际情况设计教学环节。

我们来看下面案例中的教师是如何根据学生的实际情况巧妙选择教

学策略的:

让学生走上讲台

一、教学背景

《猴王出世》是我国古典小说《西游记》中的一个片段,课文叙述了石猴成为猴王的一段经历。

上这课的前一个星期,我就认真钻研了教材,备好了课,准备按部就班地进行。直到教这篇课文的前两天,我突发奇想:《西游记》的故事,学生并不陌生,如若按老套路去上,学生肯定不会感兴趣。既然文章的内容学生很熟悉,何不让他们通过充分地阅读、预习后,自己来当小老师呢?放学时,我把我的想法跟学生说了,他们反响很强烈,回去后很认真地阅读了课文,查阅了相关的资料,还像模像样的备了课呢!翻看孩子们的"备课",我的心情特别激动,因为我发现他们并不是像平时预习时那样应付式地摘抄了几个词语、句子,抄一下背景资料,而是深入到文章中去了,不仅理清了文章的结构,抓住了重点的词、句,还考虑、设计了许多有价值的问题,如:请大家找出描写猴子动作的词,并模仿其中的几个做做;从文中可以看出猴王有什么特点,从哪些地方看出来的;你喜欢猴王吗?在你心目中猴王是个什么样的形象……我找来几个"备课"特别认真的孩子,分别指点了一下,并邀请他们几个当"小老师",他们欣然接受了任务。

二、案例描述

正式上课了,孩子们人人争先恐后,一个个把手举得老高,生怕老师看不到他在举手。他们都渴求走上讲台,过一把做小老师的瘾。

我点到了手举得最高的杨同学,他欣喜若狂,拿着课本、"备课",迈着健步跨上讲台。从介绍作者到讲解《西游记》,从孙悟空的来历到水帘洞,他口若悬河地大讲了一通。这时,台下又举起了一双双小手。我叫了几个学生,让他们说说。

这个说:"他讲得太快啦!"

那个讲:"他只顾自己讲,没有叫同学回答问题。"

"他没有启发同学思考。""他没有让我们自主学习。"

……

我听着学生的发言,心里在想:他们评得多么中肯啊,真像一个个小老师。

之后，我叫上了我们班鼎鼎有名的"诸葛亮"唐同学。她不慌不忙地走上讲台，拿出一个光碟，开始播放《西游记》第一集《猴王出世》。学生们看看录像，学习的兴趣来了。他们有的哈哈大笑，有的手舞足蹈，有的交头接耳，有的拍手叫绝……这时小老师发话了。

小老师："请和你的好朋友一起快速地读读课文。"

学生：纷纷离开座位找自己的好伙伴读课文。

小老师："请说说孙悟空出世的过程。"

……

小老师："石猴又是怎样成为美猴王的？"

小老师："谈谈你对孙悟空的印象。"

……

小老师："请给第一段、第二段、第三段拟小标题。""把你喜欢的好词语、好句子划出来，读给大家听听。"

课的最后，小老师布置了一个学生都会做、又都喜欢做的作业：自编《西游记》中的小故事。

三、评价反思

这一堂课在紧张、热烈的气氛中就这样轻松、愉快地结束了。这节课从一开始就创设了一个最佳的学习氛围，小老师精心设计的每一个学习过程，每一步都让学生全员参与，学生都主动探究、合作学习，整堂课体现了学生的自主意识。课堂上学生们兴致极高，一改过去那种沉默寡言的局面，发言很踊跃，笑声、掌声不断，比我预料的效果要好得多。我相信，这节课留给学生的印象是深刻的，孩子们的学习收获也是很大的。

这个案例，让我尝到了"舍得放手"的甜头，让我看到了语文学习的主人——学生们的真正风采。新课标在教学建议中说到："语文教学应激发学生的学习兴趣，注重学生自主学习的意识和习惯，为学生创设良好的自主学习情境。"而老师呢，也"应转变观念，创造性地理解和使用教材，灵活运用教学策略，引导学生在实践中学会学习。"

这节课之所以取得了令人欣喜的成功，就在于老师对教材的合理利用和创造性的教学方式的选择上。而这种打破常规的处理方式，不是凭空而来的，教师的突发奇想也是建立在对教材内容的熟悉，对学生认知水平的充分了解的基础之上的。教无定法，如若我们每一位老师在教学时能充分发挥师生双方的主动性和创造性，选择适合自己学生的、合理的教学策略，那么，一定能激发学生的兴趣，提高学生的学习能力和知识水平。

把握教学结构设计的基本理念

合理的课堂教学结构可以收到事半功倍的效果。教师要把握好教学结构设计的理念，根据教学结构的原则，选择高效的教学组织形式，从而更好地安排教学设计的内容。

1. 以"为了每一位学生的发展"为唯一宗旨

新一轮基础教育课程改革把"学生发展"作为基本的课程理念，"学生的发展"既指全体学生的发展，也指全面和谐的发展、终身持续的发展、活泼主动的发展和个性特长的发展。在此背景下，教师的课堂教学结构设计应体现这一思想，对传统的课堂教学结构进行更富教育意义的设计，为每位学生的发展创造合适的"学习的条件"。要尊重学生的独特差异，在课堂教学结构设计中，要保留一定的时间和机会让学生捕捉、表达自己的感受、体会，为不同学力的学生提供合适的学习时间和支持。在设计教学过程中，不但要针对不同学习内容设计不同的学习方式、活动方式，还要在同一学习任务中考虑到学生学习方式的差异，让不同的学生有不同的尝试机会。当然，在大班级授课的现实条件下，每个学生自主活动的时间、空间是有限的，加上教学进度与考试评价制度的制约，教师似乎难以给学生太多的选择机会。但是，在设计教学时，还是应该关注这一问题，因为这是求得教学实效并节约学生精力、激发学生兴趣的必然要求。

2. 为学生自主、合作、探究的学习方式提供空间

传统的课堂教学，学生主要是"听中学"和"看中学"——学生听教师讲解，看教师提供的教具、图片或录像，在听或看的过程中思考记忆。新课程的实施，特别要求改变学生的学习方式，确立学生在课程中的主体地位，建立自主、探索、发现、研究以及合作学习的机制。而要真正转变学生的学习方式，教师必须在课堂教学中加以引导、扶持。所以课堂教学结构设计要为学生的自主学习、合作学习、探究学习创造机会，使课堂教学不仅成为学生学会知识的过程，还成为学生形成科学合理的学习方式的训练基地。教学结构设计中应当创设一定的情境，提供相应的教学条件，通过教材呈现方式的变革、活动任务的"交付"、

81

教学方式与师生互动方式的变化，最大限度地组织学生亲历探究过程，在动手、动口、动脑和"做中学"、"用中学"的协作参与中，发展他们的个性和能力。

3. 以实现"三维目标"为导向

我国传统的课程过于注重知识的授受，学生成了"信息库"，空有着大容量的静态的"知识"，遇到实际问题，缺乏解决问题的创造能力。新课程把"过程与方法"也作为课程目标之一。在具体的教学结构设计中，要注意培养学生收集和处理信息的能力、获取新知识的能力、分析和解决问题的能力和团结协作的能力。让学生在活动中、在操作实验或深入实际生活的过程中学习，让学生从自己的直接经验中学习，或者从他人的经验（例如对某些事实或现象的介绍资料）中通过再发现来学习。另外，在课堂教学结构设计中，还要渗透情感、态度、价值观的教育，使教学过程不仅是一个完成知识授受的过程，还成为一个蕴含着丰富情感、人生哲理的教育性的动态过程，使学生在学得知识的同时学会做人，养成健康的心理素质、高尚的审美情趣和科学的世界观、人生观、价值观，成为有理想、有道德、有文化、有纪律的一代新人。

4. 处理好预设与生成的关系

在课堂教学结构的设计中，把教学过程考虑得细一点，把可能出现的问题估计得充分一点，尤其是涉及多种教育资源的整合时，多一些事前的准备，应该说都是必要的。但是，教学结构方案不是施工的图纸。它在实际操作的过程中，要围绕学生、学情做必要的情境化的调整。一些教师常苦恼于是否完成了教案或是否走完了预定的教学程序，这其实是没有必要的。作为事先的计划或构想，一成不变地得以实现是少有的，大多要做一点调整，更何况在今天大家都强调学生主体性，强调"一切为了学生的发展"的大背景下，就要围绕"学生的发展"这一核心进行各种教学设计。在学生的发展需要面前，方案、计划可以调整，它们可以因学生的实际发展需要而改变。从这个角度说，教师不但要在课堂教学结构设计上下功夫，还应该着力提高自己的教学应变能力，以在实际教学活动中自如地处理各种"意外事件"。

5. 让学生当课堂的主角

课程不再只是知识的载体，而是教师和学生共同探求新知识的过程。教师与学生都是课程资源的开发者，共创共生，形成"学习共同体"。在这个共同体中，需要师生合作，更需要生生合作。教学成为一个多因素影响下的动态过程，其间矛盾纵横、关系复杂。学生与教学内容之间的矛盾是教学的主要矛盾。教学中的其他矛盾都是在此基础上产生的，即为了解决学生与所学知识之间的矛盾，才产生了教师与学生、教师与教学内容等矛盾，因而它们是从属性的矛盾，是次要矛盾。由此看来，教学的主要矛盾实际上属于学生认识过程的矛盾，是认识主体与其客体之间的矛盾；学生的活动是教学过程中最主要的活动。所以，课堂的主流应该是学生的自主学习，课堂的主人应该是学生，而教师应该退居幕后，做学生学习的组织者、引导者、参与者。课堂教学组织形式要从单一的教师讲授为主的集体授课形式，向以个别学习与合作学习相结合为主的多种教学组织形式的整合。

课程标准是新的，教材也是新的，课堂教学不能涛声依旧。把课堂还给学生，让他们成为课堂的主人。于是，教师应尝试着进行课堂教学组织形式的改革，主要突出两点：一是尽可能地为学生提供更多的自主合作学习的时空，二是要尽可能为学生提供表现的机会。

请看一位教师在这方面的尝试：

最近，我上《济南的冬天》一课时，把课堂的自主权交给了学生，让学生自己朗读，自己提问，自己回答，自己判断。这篇课文老教材也有。在以前的教学中，课堂上的气氛像济南的冬天一样是温热，也是波澜不惊的。这次，情况变了。

好的诗文当是三分分析七分朗读。依惯例，这篇文章应该以朗读为基础，通过朗读，让学生领悟。我不再大包大揽，而是让学生在预习的基础上讨论发言，然后归纳朗读要求：要读出喜爱的感情，语速较慢，语调要柔和，语气要亲切。由学生推荐一名朗读基础很好的同学进行了示范朗读，最后，全班集体朗读，我发现，初一的学生纯真可爱，全身心的投入，把喜爱济南的冬天的感情表现得淋漓尽致。

好的诗文往往是教者言不可尽传，必须通过欣赏者自己的品味、体悟，才能获得其艺术美的真谛。初一学生已经初步有了这种审美能力，尽管是浅层次的。赏析课文时，我先明确任务，用投影的形式打出一串基本问题：济南的冬天是有什么特点？课文描绘了哪些有特色的景色？你最喜欢文章中哪些语句，说说理由……这些题目包括课文重点要点难点和探究发散点。然后，让班级成员进行分组学习，每四人一组，基本保证每组有一到两名成绩较好，性格外向的学生，这样让每个学生都在小组中有发言的机会和权利，让一些简单的问题在小组当场就消化解决。时间是最重要的学习资源，这个合作学习差不多花了15分钟，这个时间保证了学生充分交流和表现的机会。苏霍姆林斯基曾说过，"自由支配的时间是学生个性发展的必要条件"，而这个自由支配的时间，在课堂上，就是自主合作学习的时间。占有了这个时间，也就把握了课堂，摒弃了传统一言堂，学生做了课堂的主人。

在学生讨论合作学习的过程中，教师不该是旁观者，更不是局外人。我巡视了各个小组，认真倾听大家的发言，适时与学生进行交流，提供一些指导性建设性意见，也督促部分不能融入讨论的学生，确保合作学习的顺利开展。

随后的15分钟进行了全班交流，由于有了前期的准备，学生有备无患，发言积极，气氛热烈，一些成绩较差的学生也能勇敢地举起了手，学生潜在的学习积极性被调动了起来，他们对课文的某些分析远远地走出了教参的局限，言之成理的分析，完全出乎我的意料。

《济南的冬天》共用四课时，大大地超出了预计的课时。但是，学生在这四课时中，成了课堂的真正主人，学生在传统教学情境中只能跑跑龙套，敲敲边鼓，充当着配角，甚至是旁观者，学生的主体地位难以真正得到体现。而他们在四节课的自主合作学习中，拥有了大量的课堂时间，他们相互切磋，共同提高。他们在学习知识技能等的同时，也在学习交往，学习参与，学习倾听，学习尊重他人，不断地完善着自我。

把课堂还给学生，抓住了教学的主要矛盾，让学生的主体作用得到充分发挥，巧妙地运用了学生与学生之间的互动合作，传统课堂上许多原先由教师完成的工作由学生小组来完成，教师真正成了学生学习过程的促进者，而不再作为与学生并存的主体而使二者对立起来。教师也会由此而使自身的工作负荷得到减轻，可以有时间研究教学问题，科学设计教学方案，进行教学改革，确保组织学习的质量。学生由于主体性得到了体现，自然会产生求知和探究的欲望，会把学习当作乐事，最终进入学会、会学和乐学的境地。师生负担也可以由此大减，教学的良性循环也会因此而建立起来。

教学结构设计的原则

教学结构设计就是根据教学目标和学生的特征，对教学中师生的活动过程、形式，涉及的教学媒体和方法等多种要素进行整体优化的安排，形成特定的教学结构或模式。这种整体优化安排的结果就是形成实施教学的综合性方案，即教学策略。可以说教学策略是教学结构设计的产品。从安排教学的措施和方案的角度看，课堂教学结构、教学模式与教学策略均属同一概念。

1. 系统化原则

系统化原则是指教师在设计教学方案时必须采用系统分析的方法去考察教学系统的各个要素，分析各要素的功能、作用及要素之间的关系，从系统状态和相互联系中构思教学活动。教学是由教师、学生、教学内容、教学目标、教学方法、教学媒体等要素组成的系统，只有对这些要素从功能、结构以及相互关系等方面进行分析，把握在具体的教学内容和特定的教学对象条件下的教学系统的特征，才能作出最佳设计。

2. 整体化原则

整体化原则是指进行设计时应对教学过程及构成教学系统的诸要素作综合的、整体的考虑。这一原则含有两层意思：一是教学设计要考虑德育、智育、体育、美育等多重的教育任务，将它们纳入设计的整体方案中去，不应仅注重知识的传授，而忽视伴随知识学习而产生的态度、品质及美育因素等方面；二是设计时要全面考虑教学系统的各个要素，把它们看成一个整体，不能只注重某一个或几个要素。

3. 最优化原则

最优化原则是指教学设计要建立最优的标准体系，如最优的教学目标和评价标准体系，选择或组合最佳的教学媒体、方法和程序等，以取得最好的教学效果。

前苏联教育家巴班斯基认为，教学的"最优化"不等于"理想化"，最优化是指在一定条件下是最好的；换言之，最优的标准是相对的。教学设计是在特定的教学任务下，针对某群具体的学生进行的。因而，即使在某个年级某班具体条件下设计的教学是最优的，到另一年级另一班的教学就不一定是最优的，还应做修改或补充。

4. 多样化原则

多样化原则是指教学结构设计不应恪守一种模式或一种程序，而应在反映教学活动规律的前提下采用多种方式或方法，从而使设计具有更广泛的适用性和针对性。

教学结构设计的内容

教学结构的设计是一项处理多种教学要素的创造性劳动。它要根据教学内容和任务的要求，以及教学目标的规定，确定教学媒体和教学方法的应用，安排师生活动形式及活动程序。任何一位教师在实施教学活动时都自觉或不自觉地考虑教什么内容和用什么手段、方法来教的问题，都要将它们进行一番组合处理。教学结构的设计就是将这种"组合处理"明确化、科学化和系统化，克服随意性和盲目性。

教学结构的设计包括以下内容：

1. 提供清晰明确的知识结构

知识结构反映了各知识点之间的关系，客观上为我们的教学顺序安排提供了依据。明确清晰的知识结构不仅可使知识体系完整、系统，使知识点之间的层次关系更为直观，而且也能较容易地鉴别出重难点的内容，为确定教学策略、安排教学活动打下了良好的基础。

2. 确定师生活动方式

师生活动方式是指教师和学生在教学活动中各自扮演的角色，相互之间存在的关系及双方应遵循的活动规则等。从师生之间的关系看，主要有三种方式。（1）以教师为中心的高度集中型，教师是整个活动的核心，是教学的组织者、协调者、教学信息的提供者。班级授课方式是其典型代表。（2）以学生个体为中心的高度分散型，学生个人是整个活动的核心，一切教学资源均要为学生的活动而服务，教师起指导或顾问的作用。个别化学习方式是其典型代表。（3）既强调教师主导作用又显示学生主体地位的协调型，教师和学生在活动中均能发挥积极作用。从某种角度看，小组学习是其典型代表。

3. 安排教学步骤

安排教学步骤就是对教学活动的程序或顺序进行编排。教学是由一系列独特、有序的活动组成的，是随着时间的流动而展开其教学环节的。在教学中对先进行什么活动后做什么活动要做合理的安排，不同的活动步骤会产生不同的教学效果，多一个步骤或少一个步骤也会有不同的教学效果。对教学步骤的安排有的是按教学内容的逻辑顺序，有的是按学生的认知能力，有的是按教学任务的特殊要求等进行的。

4. 选择教学媒体和教学方法

无论师生以何种活动方式进行教学，无论教学活动存在何种程序或步骤，都要有适当的教学媒体和教学方法做为其支持系统。对教学媒体和教学方法的选择就是对教学活动的支持系统进行选择。每种教学媒体和教学方法都有各自的特长或优点，应根据教学的实际需要，如教学内容的特点、教学任务的性质、教学活动的形式等加以选择和组合。必须注意的是：没有一种万能的媒体和教学方法，要针对具体的教学情境做具体的分析和选择。

5. 创设学生参与教学的各种机会

学生作为学习的主体，不但要接受教师传授的知识，更重要的是学会学习、发展能力。传统的教学方式中学生处于被动学习的地位，素质教育呼唤学生作为学习的主体，得到全面的个性化的发展。在教学设计中运用多种学习模式，特别是发现学习模式倡导学生发现问题、解决问题，全方位的参与学习过程。基于这种观点设计课堂教学结构，应努力为学生创设多种参与教学的过程，引导学生多观察思考、实际操作、讨论发表自己的见解、角色扮演、游戏模拟、练习作业等，充分调动学生的主体活动因素，师生活动协调进行，是构成课堂教学过程结构的基本要素。

对教学结构进行设计一般要对上述几个方面的内容加以处理。可以说教学结构或模式大致包括了师生活动的方式、步骤、所运用的教学媒体和教学方法等要素。这些要素的组合便形成一种教学结构或模式，这些要素的变化便可形成多种多样的教学结构或模式。

选择高效的教学组织形式

教学组织形式是教学任务和教学内容得以实现的基本保证；教学组织形式直接影响到教学质量的高低；教学组织形式直接影响教学效率的高低和教育规模的大小。

1. 教学组织形式的类型

（1）个别教学。个别教学反映出教育规模狭小，受教育的学生人数少，而且年龄层次和知识水平相差悬殊，教师根据不同的水平分别教授一个或几个学生。这种教学组织形式的特征是教学速度慢，效率低，没有明确或固定的学习年限，学生既不分年限，也不分科进行学习。通常认为这种教学形式较适合学生人数少的教学要求。

（2）班组教学。班组教学具备了班级教学的某些特征。在这种教学组织形式下，教师（可能不止一名）同时教的是一组学生，班组学生的学习活动和学习课程具有某些共同性，具备了集体学习的特点。但通常班组的学生人数并不是固定的。学生入学和退学较为自由，对学生的年龄、文化程度、学习进度和学习内容也没有明确的统一要求。

（3）班级教学。也称班级教学制或班级授课制。班级教学是在班组教学的基础上发展而来的。它的出现适应了资本主义及其生产发展的需要，同时也为各国扩大教育规模，增加教学内容，为提高教学效率和教学质量提供了比个别教学和班组教学更为有效的形式。

（4）分组教学分组教学是对班级教学的改革。各国的分组教学可分为两大类，一类是外部分组，一类是内部分组。

①外部分组。这种分组方式打破了传统的统一按年龄编班的做法，改由按学生的学习能力或学习兴趣来分组。这种形式的分组在西方国家运用得很广泛。

兴趣分组。也叫选修分组。这种分组也是跨班级的，甚至是跨年级的，如各种课外的活动小组、兴趣小组等等。

能力分组。按学生的能力分组也就是按学生的智力或学习成绩来分组，通常又可分为学科能力分组和跨学科能力分组两类。

②内部分组。它是在保持传统的按年龄编班的班级教学条件下，根

据学生的学习能力，学习速度和学习兴趣等因素将他们编入暂时性的小组里进行学习，因此也叫班内分组。内部分组的具体做法也有两种。

在教学过程的某一阶段，在班级教学的基础上，由教师根据学习内容和学习目标对学生进行分组，其依据通常是简短的诊断性测验，分组后学生根据自身的不同情况学习不同的教学内容，经过一段时间达到教学目的后再进行班级教学。

对相同学习内容和相同学习目标采用不同的方法和媒介手段进行分组。

（5）开放教学。也称为"开放班级"或"开放课堂"，开放教学的最大特点是放弃了班级教学的形式。在开放教学的形式下，教学以儿童的兴趣为中心，无固定的计划、形式和结构，不拘泥于形式，在活动中进行学习。教师的任务是为学生提供学习情境，进行个别辅导，而不直接介入学生的学习活动。

（6）现场教学。现场教学是一种在空间上与课堂教学相对应的教学组织形式。作为对课堂教学的改革，现场教学在师资、教学时间、教学手段和方法等方面均有自身的特点。其最大的特色是在教学的空间上，即教学活动不是在学校的课堂中进行，而是在事件发生发展的现场中进行。

2. 教学组织形式的选择

教学组织形式主要受教学观念、教学任务、教学内容、教学对象和教学条件等因素的制约。

（1）根据教学任务进行选择。在选择教学组织形式时，首先要考虑教学任务。如果教学的主要任务是传授新知识，就应选择班级教学的形式，如果是为了培养学生的技能技巧，则可考虑采用小组教学的形式，如果要完成多种教学任务，可以考虑多种教学组织形式的整合。

（2）根据教学内容进行选择。从不同的学科来看，如语文、数学和体育、美术等，其内容的性质不同，要考虑采用不同的教学组织形式。从同一门学科来看，不同的教学内容，如难易程度不同，或复杂程度不同，也可以采用不同的教学组织形式。

（3）根据教学对象进行选择。不同年龄阶段的学生在身心发展方面存在着差异，在选择教学组织形式时必须顾及到这些差异，采用合适的教学组织形式。例如在小学阶段，高年级和低年级学生的注意力发展水平不同，不宜一律采用45分钟一节课的组织形式。

（4）在选择教学组织形式时，应该考虑教育的现有条件，学校的文化背景等因素。

第二章

怎样创设教学情境

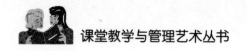

创设教学情境的禁忌

教学是一门艺术。课堂教学情境的创设应与学生所探索的知识有内在联系，根据实际需要去创设情境，使教师的课堂焕发出生命的活力。

在教学情景的创设中，教师要注意不要犯以下的错误：

1. 创设假问题的情境

所谓假问题是指没有思维价值的问题或不能引发学生思考的问题。看下面的案例中的问题：

《梯形面积的计算》一课中"推导公式"教学片段：

师：我们可以把梯形转化成什么图形来探索它的面积计算公式？

生：已学的图形。

师：请拿出两个完全一样的梯形拼一拼，你发现了什么？

（学生操作发现拼成了平行四边形，合作讨论梯形与拼成的平行四边形之间的联系）

学生在日常生活中对拼图已具有丰富的经验，在平行四边形、三角形面积计算公式的推导中，也具有了推导面积公式的基础，但这不是全面、系统的，而是零碎的。教学中，教师示意让学生拿出"两个完全一样的梯形来拼"，学生也就顺利地探索出了结果，整个教学过程比较顺利。但这是真的探索吗？"用两个完全一样的梯形来拼"这好像是理所当然的，因为教材就是这样安排的。但怎么一开始就知道要"用两个完全一样的梯形来拼成一个平行四边形"呢？这是怎么想到的？学生不知。这也就在他们的认知上存在了一道空白，课堂教学的探究也就成了一个空壳，有形而无实。看起来是问题，却没有激发学生思维的功能。

2. "猜谜式"的情境

教学情境顾名思义就是指向教学的情境，促进学生学习的情境。有些教师创设情境却是兜圈子、猜谜语，偏离了教学的情境，让学生不知所云，反倒影响和干扰学生的学习。如：

有位教师上《乡愁》，设计了一个提问导语，目的是想让学生说出课题来。于是他叫起一个学生，启发道："如果有个人到了一个遥远的地方，时间一长，他开始想念自己的亲人，这叫做什么？"

学生答道："多情。"

"可能是我问得不对，也可能是你理解有误。好，我换个角度再问：这个人待在外乡的时间相当长，长夜里他只要看见月亮就会想起自己的家乡，这叫做什么？"教师又问道。

"月是故乡明。"学生很干脆地答道。

"不该这样回答。"教师有点急了。

"举头望明月，低头思故乡。"学生回答的语气显然不太自信了。他抬头一看，教师已是满脸阴云，连忙换了答案："月亮走我也走。"

"我只要求你用两个字回答。而且不能带'月'字。"教师继续启发道。

"深情。"学生嗫嚅道。

好在此时下面有同学接口："叫做'乡愁'"，教师才如释重负。

有效的教学情景是与教学内容是紧密联系的，能调动学生积极性和主动性的，有助于学生发展的。

不是每一堂课都要创设一定的教学情景，为了形式而盲目创设的情景是毫无意义和价值的。在教学活动中，无论是创设怎样的教学情景，只要掌握适当的时机，让学习跟生活接轨，就能吸引学生的注意力，激发学习情趣，充分调动学生学习的积极性、主动性，促使学生主动探究知识、应用知识从而引导学生主动参与学习的过程，使学生生动、活泼地发展，形成良好的个性，达到预定的目标。

教学模式的涵义

1. 什么是教学模式

"模式"词是英文 model 的汉译名词，又可称为"模型""范例""典型"等，指某种事物的标准形式或样式。西方学术界通常把模式理解为经验与理论之间的一种知识系统。一般是指介于经验与理论之间，把二者沟通起来的一种具有可操作性的典型体系和简约化的知识范型。最早的教学模式可以追溯到赫尔巴特的"四段法"的教学模式（1806年），虽然教学模式的思想很早就已存在，但教学模式作为独立的教育学概念，则是二十世纪七十年代，由美国哥伦比亚大学的乔伊斯（B. Joyce）和韦尔（M. Weil）首先将"模式"的理论引入到教学中，形成了教学研究的一个全新领域——教学模式。我国教学模式很早就有发展，但二十世纪七十年代后才广泛运用"教学模式"的概念，从引进、介绍到各地努力建立自己的。

教学模式，八九十年代曾一度形成研究的热潮。当前在我国实施新一轮基础教育课程改革的背景下，这一课题的价值更以其独特的魅力日益凸显出来，成为教学理论研究和实践的热点。

但是，就目前来看，国内外研究者对教学模式涵义的看法并不大一致。国外较有代表性的是以乔伊斯和韦尔在其《教学模式》一书中的定义，他们认为，教学模式是指构成课程和作业、选择教材、提示教师活动的一种范型或计划。在美国另有一些研究者认为，教学模式就是为完成特定的教学目标而设计的、具有规定性的教学策略。国内关于教学模式的定义也有不同的意见：

（1）有人认为教学模式是一种设计和组织教学的理论，这种教学理论是以简化的形式表达出来的；

（2）有人认为教学模式是教学活动的基本结构或框架；

（3）还有人认为教学模式是教学活动的基本程序和策略；

（4）也有人认为教学模式实际上是教学活动的操作样式和方法，等等。

我们认为，上述看法在一定程度上反映了教学模式的本质，有其合理的成分，但都有其局限性。我们要科学全面地把握教学模式的性质，必须从教学模式具有的模式的共性及教学个性两个方面去分析。

（1）教学模式不是教学方法。教学模式具有方法的特性，但与我们常用的讲授、谈话等微观意义上的具体教学方法并不属于同一层次，而是一种较高层次上的"方法论"。

（2）教学模式也不是教学计划。计划只是它的外存表现，任何教学模式都蕴涵着某种教学理论或思想，可以从模式本身的样式和程序这些外在的形态中深深体会其蕴涵的教学思想或理论，这是教学模式的精神实质，它作为一种简约化的教学理论和策略体系，并不提供即时操作的具体学科教学活动的方法和步骤，而是方法论的启示。

（3）教学模式也不是理论，而是介于理论与实践之间的操作体系，它内含着教学程序、结构、方法、策略等比纯粹教学理论更丰富的东西。

（4）教学模式也不是教学程序，它作为一种教学理论的简约化样式和方法论体系，并不是一般具体操作意义上的教学流程。

我们只有从教学模式本质特征的分析出发。才能正确理解和把握教学模式的涵义。有学者将教学模式的特点概括为三个方面：一是教学模式具有系统性，是由教师、学生、教材、教学方法、教学环境等要素构成的教学方法论体系；二是教学模式具有中介性，它是沟通教学理论与教学实践活动的中介和桥梁；三是教学模式具有可操作性，它是教学理论在教学实践中的运用和具体化而形成的方法论和操作体系。因而，我们可以这样定义教学模式：开展教学活动的一整套方法论体系，是指在一定教学思想或教学理论指导下建立起来的教学活动策略体系和基本框架，它以简约的形式稳定地体现出来。教学模式既是教学理论的具体化，又是教学经验的一种系统概括。它可以建立教师丰富教学实践经验的系统总结和理论概括之上，也可以在一定教学理论指导下经过提炼和简约化，经过教学实践的多次检验后形成。

2. 教学模式的结构

尽管人们对教学模式的概念界定不一，但对教学模式结构的认识基本趋向一致，通常包括五个因素，这五个因素之间有规律的联系就是教学模式的结构。

（1）理论基础。教学模式不是凭空产生的，它具有所赖以建立的系统教学理论或思想，即建立各个教学模式的理论基础，是一定的教学理论或教学思想的反映。这种模式的理论依据是其深层次内隐的灵魂和本质，它是模式的内在规定性和本质特征。比如，传统教育思想的代表赫尔巴特在他所著的《普通教育学》中以统觉心理学为基础，以多方面兴趣为内容，创立了教学形式四阶段论——"明了"（清楚、明确地感知新教材）、"联想"（形成概念，造成新旧知识的联系）、"系统"（作出概括、结论，实现知识系统化）、"方法"（练习、应用、运用所学知识），其后的赫尔巴特学派进一步发展了教学的四阶段论，创建了教学的五阶段论，为十九世纪后期和二十世纪初期世界各国推行赫尔巴特教学理论奠定了基本模式，从而对世界教学理论发展产生了深远的影响。

（2）教学目标。指教学模式所能达成的教学目标或教学效果，是教育者对某项教学活动在学习者身上将产生什么样效果所作出的估计。我们知道，任何教学模式都指向和完成一定的教学目标，为完成特定的教学目标而设计和创立，在教学模式的结构要素中居于核心地位，对其他因素起着制约作用，也是教学评价的标准和尺度。没有明确的教学目标，任何教学模式都将失去其存在的意义。正是由于教学模式与教学目标的这种极强的内在统一性，决定了不同教学模式的个性。

（3）操作程序。指完成教学目标的步骤和过程。任何一种教学模式都有达成教学目标的特定操作程序和工作步骤。比如，强调知识传授的赫尔巴特教学模式，其操作程序是明了、联想、系统、方法四个阶段。J. 杜威（John Dewey）的实用主义教学模式强调"做中学"，其操作步骤是情境、问题、假设、推断和验证五个步骤。一般来说，教学模式的程序或步骤是相对固定的，在教学过程中体现出来，但也要明确，教学程序只能是基本的和相对稳定的，而不是僵化和一成不变的，不应该把教学模式的相对稳定性当做束缚教学活力的教条。所谓的"教学有法，教无定法"指的就是这样的意思。

（4）实现条件（手段和策略）。教学模式的构成要素主要包括教师、学生、教学内容、手段、环境、时间、空间等，也可称为教学模式的实现条件。任何教学模式的存在都有其特定的条件，只有在这些条件得以具备，在一定教学思想指导下进行优化组合，形成最佳方案时，才能发挥应有的效用。比如，程序教学模式要求编写程序化的教材，配备必要的教学机器；意义学习教学模式，要求教学材料本身要具有逻辑意义，并以先行组织者策略组织起来，等等。

（5）教学评价。教学评价是教学模式的一个重要因素，是指为完成教学任务，实现教学目标所采用的评价方法和标准等。每种教学模式一般都有自己的评价方法和标准。教学模式的目标、程序和条件不同，评价的方法和标准也就不同。比如，罗杰斯的非指导性教学模式规定主要实行学生的自我评价；布卢姆掌握学习模式采用诊断性评价、形成性评价和终结性评价三种形式，尤其强调形成性评价的作用。目前，除了一些发展比较成熟的教学模式外，不少教学模式还在探索中，没有形成自己独特的评价方法和标准。

上述几个因素在一个教学模式中所处的地位和所起的作用不一样，具有不同的功能，各因素之间不同形式的、有规律的联系形态就是教学模式的结构。理论基础是教学模式得以建立的思想基础和依据，它对其他因素起着决定性的导向作用；教学目标是教学模式的核心，引导和制约着教学模式的其他因素，是这些因素得以发挥作用的指针，尤其规定着教学评价的标准和尺度；操作程序是教学模式实施的环节和步骤；教学条件是教学模式功能得以发挥的重要保证；教学评价能够提供一个客观的依据，帮助我们了解教学目标的达成度，从而对教学操作程序和师生活动方式等方面进行调整或重组，进行反馈和监控，确保教学模式能更有效地达成教学目标。一般来说，教学模式都包含这些基本的因素，它们发挥作用的内容和性质不同，因此，也就构成为不同的教学模式。

教学模式的特点和功能

1. 教学模式的特点

（1）指向性。由于任何一种教学模式都是围绕着一定的教学目标设计的，而且每种模式的有效运用也需要一定的条件。因此，不存在对任何教学过程都适用的普遍有效的模式，也谈不上哪一种教学模式是最好的教学模式。最理想的教学模式就是在一定情况下达到特定目标的最有效的教学模式。在教学过程中选择教学模式时，必须注意不同教学模式的特点和性能，注意教学模式的指向性。

（2）操作性。教学模式是一种具体化、操作化了的教学思想或理论，它把某种教学理论或活动方式中最核心的部分用简化的形式反映出来，为人们提供了一个比抽象的理论具体得多的教学行为框架，具体地规定了教师的教学行为，使教师在课堂教学中有章可循，便于教师理解、把握和运用。

（3）完整性。教学模式是教学现实和教学理论构想的统一，所以它有一套完整的结构和一系列的运行要求，体现着理论上的自圆其说和过程上的有始有终。

（4）稳定性。教学模式是大量教学实践活动的理论概括，在一定程度上揭示了教学活动带有普遍性的规律。一般情况下，教学模式并不涉及具体的学科内容，所提供的程序对教学起着普遍的参照作用，具有一定的稳定性。教学模式是依据一定的教学理论或教学思想提出来的，而一定的教学理论和教学思想又是一定社会的产物，因此，教学模式总是与一定历史时期的社会政治、经济、科学、文化、教育的水平相联系，受到教育方针和教育目的的制约。因此，教学模式的这种稳定性是相对的。

（5）灵活性。教学模式内在地体现了某种教学理论或教学思想，是教学理论或教学思想的浓缩化、简约化、操作化的体现，并非针对特定的教学内容，因而，教学模式在具体教学过程中进行运用和操作时，首先必须充分考虑学科特点、教学内容、现有教学条件和师生组合的具体情况，进行变通和调整，以体现对学科特点的主动适应。总之，不存在任何条件和情况下都适用的、可以进行翻版和重复的教学模式，这是我们在选择课堂教学模式时必须予以重视的问题。

2. 教学模式的功能

（1）中介作用。教学模式的中介作用是指教学模式能为各学科教学提供具有一定理论依据的、模式化的教学法体系，为教师在仅凭经验和感觉进行教学与重视教学的提高和反思之间，搭起一座沟通理论与实践的桥梁。教学模式的这种中介作用，与其既是来源于实践，又是某种教学理论的简化形式的特点是分不开的。一方面，教学模式来自于实践，是对一定的具体教学活动方式进行优选、概括、加工的结果，是为某一类教学及其所涉及的各种因素和它们之间的关系提供一种相对稳定的操作框架结构，这种结构有着内在的逻辑关系和理论依据，已经具有理论层面的意义；另一方面，教学模式又是某种理论的简约化表现方式，它可以通过简明扼要的象征性的符号、图示和关系的解释，来反映它所依据的教学理论的基本特征，使人们在头脑中形成一个比抽象理论具体得多的教学程序性框架，便于人们对某一教学理论的理解，也为这种教学理论运用于实践提供了较为完备的、可操作的实施程序。所以说，教学模式又是抽象理论得以发挥其实践功能的中间环节，是教学理论得以走向具体教学实践，指导教师教学实践，并在实践中加以运用和检验的中介环节。

（2）方法论意义。教学模式的研究是教学研究方法论上的一种革新。长期以来，人们在教学研究上习惯于采取单一刻板的思维方式，比较重视用分析的方法对教学的各个部分进行研究，而忽视各部分之间的联系或关系；或习惯于停留在对各部分关系的抽象的辩证理解上，而缺乏作为教学活动的特色和可操作性。教学模式的研究指导人们从整体上去综合地探讨教学过程中各因素之间的相互作用和其多样化的表现形态，以动态的观点去把握教学过程的本质和规律，同时，对加强教学设计、研究教学过程的优化组合也有一定的促进作用。

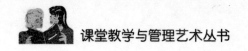

教学模式的历史发展

　　了解教学模式的历史发展有助于人们了解历史上各种教学模式产生、发展和作用的过程。借鉴对教学模式的理解，有助于人们把握教学模式的发展趋势。关于教学模式的探讨是从近代教育学形成独立体系之后开始的，但是教学模式这一概念与相关理论则是二十世纪五十年代以后出现的。教学理论的发展史表明，人们对教学模式的认识和研究经历了一个从不自觉到自觉的发展过程。

　　1. 教学模式的酝酿和准备阶段

　　我国古代伟大的教育家孔子，在其长期教学实践中致力于探求"学而知之"的教学方法，把学、思、习、行视为教与学活动的四大要领。其后，《中庸》集先秦儒家大师教学实践经验之大成，将教与学的活动归结为五个步骤，即博学之、审问之、慎思之、明辨之、笃行之。南宋大教育家朱熹则称这五个步骤为"为学之序"，列为他主持的白鹿洞书院的教学规程的一个部分，将它们奉为施教、治学必须遵循的一般程序，对我国古代学校教学产生极其深远的影响。这是一个以读书为中心，旨在进行道德教化的教学模式，但就其形成的过程来看，是在众多教育家长期的教学实践经验的基础上自发地产生的。夸美纽斯（Comenius）《大教学论》的问世，被认为是现代教学论正式诞生的标志，他首次将观察等直观活动引入教学活动体系，提出了"感知——观察——理解——判断"的教学模式。特别是他所建立的课堂教学形式，在可预见的相当长的时期内仍然会是学校教学的基本形式。

　　2. 教学模式的创建和发展阶段

　　将混沌一片的课堂教学引向模式化应归功于赫尔巴特。赫尔巴特创立了教学形式四阶段论，他认为，这是教学新教材、传授新知识所必须遵循的教学程序。不论什么课题，不论课题范围是大是小，都必须一个阶段接着一个阶段地进行，甚至在课题的任何一个最小构成部分中均可以辨别出这四个教学阶段。其后，赫尔巴特学派将教学形式四阶段论发展为五段教授法，更是为十九世纪后期和二十世纪初期世界各国推行赫尔巴特教学理论奠定了基本模式。应该说，教学模式从自在的形成到自为的构建是从赫尔巴特及其学派开始的。

杜威的教育理论可以说是教育发展史上的一个新的里程碑，他创立了与传统教育思想完全不同的实用主义教育思想。于是，在近代教育史上，形成了两种对立和相互作用的教学模式。一种是"传统派"的传递——接受教学模式，即系统传授和学习书本知识的模式。这种教学模式从夸美纽斯开始，以赫尔巴特的"四段教学法"（明了、联想、系统和方法）为代表，直到苏联提出的综合课的"五个环节"（组织教学——导入新课——讲授新课——巩固新课——布置作业）为止。另一种是"进步派"的活动教学模式，即学生在活动中自己主动学习的模式。杜威提出的活动教学模式是对传统学习书本知识的授受式教学模式的超越性否定。杜威的活动教学模式由情境、问题、假设、推断、验证五个步骤构成。很显然，这两种教学模式都有一定的片面性。

自二十世纪五十年代后期以来，在世界范围内发生了新的科学技术革命，知识更新过程愈益加快。在这种新形势下，那种轻视系统科学知识的思想站不住脚了，而忽视学生智能发展的片面观点也显然有待于克服。于是出现了既重视科学知识，又重视学生自己活动的教学模式，其典型的代表就是美国的教育心理学家布鲁纳根据结构认识论提出的"发现学习"的教学模式。这种教学模式，一方面，不仅有既定的教材，而且要求教材反映最新科学成果；另一方面，主张经过发现进行学习，要求学生利用教师与教材所提供的某些材料，亲自去发现应得的结论和规律。德国在五十年代出现的"范例教学"模式，保加利亚于六十年代兴起的"暗示教学"模式，都是新兴的、有突出特点的教学模式。

3. 教学模式的成熟发展阶段

1980 年，美国学者乔伊斯和韦尔等人在分析和研究了80 多种理论和学派的基础上，概括出 23 种教学模式。由此可知，当代教学模式将朝着多样化的方向发展。

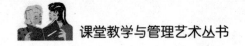

教学模式的发展趋势

1. 由"教授模式"和"学习模式"向名副其实的教学模式发展

一定的教学模式总是在一定的教学思想和理论影响下形成的,简言之,有什么样的教学理论就会产生什么样的教学模式。教学模式是为教师提供的教学"范型",它一方面必须研究教师教的过程、技巧、策略,为教师提供可操作的教学行动步骤;另一方面,它又必须研究学生心理活动的特点和学习活动的规律,避免教师凭空而教、"目中无人"而教,为教学提供理论借鉴和科学依据。所以,当代教学模式的研究,既非单一的"教的模式",也非单一的"学的模式",而是向着二者辩证统一的发展,即研究名副其实的教学模式,把教师教的艺术与学生学习的规律有机地结合起来。

2. 概括性与操作性的辩证统一

教学模式的概括性主要体现在模式的形式、内容和分类上。形式的概括,即用简洁的语言、图表来反映教学模式。内容的概括,即对教学活动的理论或实践进行浓缩、提炼。虽然教学实践为模式的形成提供了原料,但它毕竟不等同于教学模式。教学活动丰富多彩、变幻无穷,而教学模式是从教学活动中概括出来的活动框架,它略去了教学活动中的次要因素,一针见血地反映模式的操作框架及其理论核心。分类的概括,即对多种教学活动的分析,根据共同特征归为一类。无论是形式、内容,还是分类上的概括性,其目的都是为模式的研究者和使用者清晰、直接地把握模式的精髓提供方便。

教学模式的操作性是指模式易于被使用者模仿,它突出地反映在操作程序上。有了操作程序,模式就有了行动线索,教师的组织教学才有计划。

教学模式的研究之所以能引起教学理论工作者和教学实践工作者的普遍兴趣,正是因为教学模式既不是玄而又玄的理论,又不是毫无规律的具体行动。它能将教学理论的指导落实到具体的教学步骤上,又能将教学经验概括上升为理论,成为理论和实践的"中介"。因此,在教学模式的结构上,概括性和操作性成为研究的又一重点。

3. 由单一性向多样性发展

(1) 在教学目标上,由单一目标向多个目标发展。教学研究的逐步科学化,要求把学生看成是能动的主体,是知、情、意、行的统一体。某一教学目标的实现必须有相关目标的配合,如布鲁纳的发现教学模式，它既有要求学生掌握知识的"基本结构"的目标，又把激发学生的探究欲望，培养学生具有学会学习的能力作为它的目标。

（2）在教学空间上，由单纯的"课堂"向课内、课外多种教学模式发展。教学活动已不局限于课堂教学，课外的教学活动同样十分重要，它直接影响着课内教学的质量。因此，教学模式的研究范围包括"课内和课外"。

（3）在教学操作程序上，由刻板性向灵活性发展：如布鲁纳的发现教学模式仅仅是发现教学模式家族中的一种，虽然它具有很强的代表性，但在不同国家、不同学科还存在着多种发现教学模式的变式。仅在我国就有"中学物理研究式教学方法"，化学课教学中采用的"实验引探式"，以及"引导发现法"、"肩发探索式"、"实验—综合—引控式"等多种变式。虽然它们与布鲁纳的发现教学模式在操作程序上有相似性，但又有各自不同的特点。

这种操作程序上的灵活性，消除了人们对模仿模式操作会不会使教学变得僵化的顾虑，同时，也给模式的发展注入了新鲜血液。教师可以根据教学任务、教学条件去选择模式，进而根据自身和学生的特点去创造模式。

4. 由演绎法或归纳法向演绎法与归纳法并举发展

研究教学模式的方法多种多样，没有固定不变的方法，但从方法论角度来看，主要有演绎和归纳两类基本方法：用演绎法研究教学模式主要是验证假说，它从理论出发提出假说，设计出模式（即把假说转化为教学活动的指南，提出基本的操作策略和程序，以确定教学目标）。所以，使用演绎法得到的教学模式，其起点是科学假说，模式的形成过程就是验证假说的过程。用归纳法研究教学模式主要是经验概括或行动研究，即从广大的教学实践工作者在实践中形成的行之有效的经验中，概括出共性，并使之规范化、系统化、程序化，形成教学模式；或者采用行动研究法，"处方式"地分别研究教学模式的要素，然后综合、归纳出教学模式。因此，用归纳法研究教学模式的起点是教学经验，模式形成就是筛选、概括经验的过程。究竟选择何种方法研究模式，我们应对研究者的自身素质、研究的内容、时间、地点和条件等多种因素综合加以考虑之后再作决定，但无论怎样，两种方法都具有重要的作用。正因为如此，乔伊斯等人在系统地研究当代西方教学模式时，概括出20余种常用模式，其中既有运用归纳法得到的模式，也有运用演绎法得到的模式。看来，演绎法和归纳法在今后的模式研究中会长期并存，它预示了我们研究教学模式在方法上的趋势。

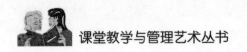

教学模式研究的意义、方法和过程

教学模式是教学论研究的一个新课题，也是当前教学实践和教学改革中值得重视的一个问题。学习和研究教学模式对教学理论及实践都有重要意义。

1. 教学模式理论的提出增加了教学理论与学习心理学的联系

一个完整的教学过程，至少要包含六个步骤：明确教学目标、分析教学任务、确定学生原有水平、设计课堂、实施教学、评价，其中的前五步都必须以学生的学习规律为客观依据。然而，研究学习的心理学家不大关心教学问题，而教育家所做的也仅限于学习理论的原始和表面应用，这种倾向导致教学理论缺乏科学性。但从模式的角度看，任何教学理论都以一种特定的学习观点或理论为基础，如斯金纳的程序教学模式来自行为主义的学习观，加涅的教学模式源于其累积学习理论，布卢姆的掌握学习模式则出自其乐观主义学习观，正是这些学习观点和理论奠定了教学论的科学基础。

2. 教学模式的提出为教学理论研究开拓了系统的、整体的新视野

教学模式的提出，可以让我们从系统的角度，完整地、综合地去认识和探讨教学的各个因素及各因素之间的相互联系和多样化的表现形态，也有利于我们动态地把握教学过程的本质和规律。

3. 教学模式的提出，有利于我们从实际山发，选择合适的教学模式

现代教学理论认为，教学方式、方法上的"好"与"坏"是相对于具体的教学任务和教学对象而言的，不存在适用于一切教学任务和对象的"最佳"的教学方式。现代社会的发展对人的要求是多层次多规格的，现代课程的出现为教学提出了更为复杂多样的教学任务和内容；从不同立场、观点出发的学习理论也从不同侧面为教学理论提供了依据，这一切都说明，那种对教学模式非此即彼的肯定或否定是不能成立的。然而长期以来，我们已经习惯了这样的思维方式：在评价和选择教学模式时，不顾具体目标、对象、内容，一边倒、一刀切，把一种适用于特定条件的模式僵化为固定的框架予以肯定或否定，即如同今天对授

受模式的口诛笔伐或对探究发现模式的鼓吹。事实上，探究发现模式固然有利于主体性的发挥和创造性的培养，但面对大量需要学生在一定时间内掌握的知识时，它就显得无能为力了，尤其是教学对象是自主性已逐渐发展起来的高中、大学学生时，一味地探究发现式教学无异于对学生精力的浪费。因此，开展教学模式研究，去除非此即彼的思维定式是繁荣和搞活教学理论的当务之急。

4. 教学模式的提出为教师选择合适的教法，最优地完成教学任务提供了有益的帮助

教学模式既是教学过程理论体系的具体化，又是教学实践经验的系统总结。相对于教学的基本理论而言，它是低层次的，因此具体、简明、易于操作；相对于教学而言，它又是高层次的，因此概括、完整和系统，便于教师理解和掌握，有利于提高教学质量。从这个意义上说，教学模式可以被看做联系教学理论和教学经验的桥梁，有助于改善教学理论与实践相互脱离的状况。

教学模式产生、发展的动力在于教学认识和教学实践的矛盾，当二者发展不相适应时，人们就试图提出某种新的模式，以求实现二者的协调和平衡。一种新的教学模式的构建需要两个条件：一是教学实践水平，二是背景理论知识，二者缺一不可。任何教学模式都必须打上它们的烙印。教学模式的构建方法则不外乎两类，即演绎法和推理法。演绎法是指从一种理论假设出发，推演出一种教学模式，然后用严密的实验证实其有效性。这种方法的起点是科学理论假设，形成的思维过程是演绎。推理法是指对教学实践经验进行归纳、总结，形成某种类型的教学模式。它的起点是经验，形成过程是归纳。

一种新模式的产生并不是一蹴而就的，它往往需要在理论和实践之间进行多次往返求证、修改，经历实践——模式——理论——模式——实践的运行规律和机制。新模式一旦形成，就要运用于教学实践，在实践中得以发展和完善，并随着实践、认识的进一步深入和提高而转换成更新的教学模式。

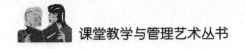

教学模式的选择和运用

选择和运用教学模式进行教学活动是完全必要的，但也要认识其局限性。教学模式具有直接、简便、经济、高效地为教学服务的优点，它在教学实践中的作用绝不能被低估。但另一方面，模式意味着设定框框，追求整齐划一。而实际上，任何教学活动都不能固定在某种或某些模式里面。运用模式很容易产生削足适履之弊。同时，教学模式企图把教师的思想和行为统摄在一定的程式里，这容易使教学模式限制教师的视野，扼杀创造精神。

一、获得概念式教学模式

获得概念式教学模式旨在教会学生形成概念，帮助他们更有效地掌握概念。该模式通过呈现案例，运用归纳的方法，比较概念及非概念的区别与联系来帮助学生获得某一概念以及了解概念形成的过程。在教学中，引导学生形成概念和对概念进行理解是各级各类教学的重要任务，因此，这一模式在教学实践中具有很强的应用价值。

1. 获得概念式教学模式的理论基础

获得概念式教学模式是建立在布鲁纳（Brunner）、古德那（Goodnow）和奥斯汀（Austin）的思维研究基础之上的，与归纳式思维训练有着密切的关系。概念的获得指的是搜寻和列举能够从不同种类的事物中区分出范例的特征。它要求学生找出不同类别事物的特征，从而把包含有概念特征的范例和不包含这种概念特征的范例区分开来。布鲁纳及其同事着重研究了个体将信息分类和获得概念的过程。他们认为，分类即把不同的事物的共同属性、不同属性进行确定，将我们周围的事物、活动和人划分为各种类别，从而根据类别属性而不是个别属性来看待这些事物、活动和人。通过概念的分类可以帮助学习者把复杂的环境简单化，并用概念来理解复杂多变的世界。

在概念性学习和概念获得的过程中，有三个因素十分重要：第一，概念获得的练习设计要有助于教师研究学生的思考过程；第二，概念获得的过程是可以描述的，还能通过改变策略和运用新策略使学生更有效地学习；第三，学生处理信息的方式能通过改变信息提供的方法和对模式的修改得以改进。这三个因素是有助于学生理解和认知、获得概念的策略。在概念形成的过程中，学生只关注事物的相似性而非差异性，并将相似的事物划分在同一类别中；教师则关注如何使学生形成正确的概念，了解概念的含义并了解概念化的过程。

获得概念式教学模式也是建立在布鲁纳的认知心理学和学习理论的基础之上的。学习就是建立一种认知结构，在头脑中形成经验系统，并通过不断的学习，从经验中得出规律性认识。因此，在布鲁纳看来，学习也就是同化和顺应的过程。同化，即把新经验纳入已有的知识结构中并使其得以理解；顺应，即对原有的认知结构加以改造，从而产生新的概括，并形成新的认知结构。这种认知结构有利于知识、技能的迁移，对学生学习活动将产生重大影响。此外，布鲁纳还提倡和重视学生的主动学习能力，强调学生通过自己的主动发现把学习知识和探索知识的过程统一起来，因此，也有人称其为"发现学习"教学模式。

2. 获得概念式教学模式的教学目标

获得概念式教学模式依据具体课程的侧重点不同而能够实现多个教学目标。但这一模式的设计出发点是进行具体概念和概念的一般性质的教学，为学生提供实践归纳性推理的练习，提高学生建立概念的能力；通过抽象概念的教学，培养学生多角度思考问题的意识、逻辑思维能力等；学生通过体验概念原理的形成过程，得以掌握探究思维的方法，发展归纳、推理等思维能力。

3. 获得概念式教学模式的操作程序

获得概念式教学模式是一种归纳的信息加工模式，学生从观察范例开始，再形成抽象概念，而不是从概念的定义出发，再扩展到范例上。范例是获得概念活动的基础，因此，必须注意范例的选择和排列。获得概念式教学模式的教学操作程序主要包括三个阶段：

（1）第一阶段：呈现资料，确认概念的属性。

教师首先选择概念，挑选资料并把它们组织成肯定型和否定型两大类，然后按一定顺序排列，这一步骤实际上是在正式教学之前完成的。多数情况下，教师从教科书或其他资料中准备范例、抽象概念和有关材料并按合理方式加以组织，使这些范例能够清晰地表达出概念的特征。这些范例以成组的方式呈现，它们可以是事件、人、物体、故事、图片或任何可以描述的内容。肯定性的例子必须包括某个概念所有的本质属性，否定性的例子应选择具备某些属性而不具备其他属性的实例。然后，学生的任务就是比较肯定型和否定型例子的特征，教师则是对有关该特征的描述进行记录，可以利用多种教育技术手段向学生生动地呈现各种实例，这样能够使学生在分析、比较相似性和差异性的过程中逐渐达成对概念本质属性的认识。最后，学生根据这些本质特征来进行概括，并对概念进行命名，说出概念的规则。学生可以根据实例的基本特征尝试表述概念的含义。

（2）第二阶段：学生对获得的概念进行检验。

学生得到最初的概念定义后，教师再给出一些肯定性和否定性的例子，检验学生是否能够识别符合或不符合概念的例子，并要求学生自己举出符合概念定义的例子。教师和学生都能够根据概念的基本特征来确认假设，必要时甚至修改最初对所求概念及其属性的选择。当列出概念的所有属性之后，教师要求学生自己总结概念的定义。通常学生自己得出的定义比课本上的定义更容易理解。我们并不要求学生得出完美的定义，重要的是使学生参与概念化过程，以便进一步实施以后的教学步骤。

（3）第三阶段：学生对以上的思维过程进行分析。

这一阶段，教师让学生讨论他们获得概念的过程，并思考自己的思维过程，从而提高学生的思维能力。学生开始分析自己获取概念的方法，并描述出自己的各种想法。学生因为各自思维方式上的差异，有的可能首先确定一个较宽的范围再逐渐缩小分析，有的则一开始就从小范围着手。他们的描述会显示自己的注意力是集中在特征还是概念之上，是一次注意一个主题还是多个，以及当自己的假设不能被证实时如何处理的。逐渐地，学生会通过讨论假设和特征的作用，以及假设的类型和数量，最后在更高层次上获得概念。

获得概念式教学模式因操作程序的侧重点不同而决定了学习活动的不同形式：第一，教学纯粹是为了让学生获得新概念，教师应在整个操作过程中侧重于提出问题，对肯定型实例的特征进行评价并定义概念；第二，教学过程强调的是学生的归纳假设，教师可能只会提供少量的实例，以促进学生积极参与思维过程，因此，在这种情况下，归纳推理的过程明显比概念本身要重要得多，教师甚至可以为学生提供已知的概念；第三，操作程序如果强调的是学生对思维过程的分析，教师则可以为学生提供更少的范例，以便把更多的课堂时间用在学生的思维分析上。

4. 获得概念式教学模式的实现条件

获得概念式教学模式首先要将肯定或否定的范例提供给学生，并且这些范例必须是有待于明确的。教师的作用是对课堂教学中所提供的资料或数据进行选择和组织，支持学生的讨论和假设，并记录下学生的假设和概念的提出过程，必要时教师还要提供附加范例。此外，教师还要帮助学生在不同的假设中寻找平衡，引导学生对自己的思维方法进行讨论和评价。总之，教师与学生在整个概念获得的过程中相互协作、相互启发，根据教学内容和学生实际水平来决定学生的能动程度，诱发学生探索的积极性，使学生由浅入深地进行探索，直至独立获得概念。

5. 关于获得概念式教学模式运用的说明

在阐述了构成获得概念式教学模式的各个要素之后，我们还要对获得概念式教学模式在课堂教学中的实际运用进行说明。获得概念式教学模式适用于不同年龄和年级的学生，尤其适合于传授具有明确属性的概念。该模式的优点就是能够激发学生主动探究的欲望，使他们产生内在的学习动机，提升学生的智慧潜力，并有利于新旧知识的整理、归类和系统化。但是，获得概念式教学模式由于受某些教学条件的限制，尤其是操作程序的第三阶段，即思维分析，对低龄儿童尚有一定的困难。它要求教师有一定的知识和先行经验的积累，学生还要具备一定的思考能力。因此，对于年龄较小、缺乏一定知识和经验积累的低年级学生而言，模式中所用的概念和例子应相对简单，尽可能使用具体概念而不是抽象概念，课程教材本身宜简短，教师宜加大指导的力度。

二、记忆型教学模式

记忆型教学模式可以用来提高学生储存和恢复信息的能力，它既教授记忆方法又帮助学生提高学习效率。在记忆型教学模式下的课堂教学活动，学生记忆学习的结果就是获得信息、赋予其意义并组成一体，需要时能够按照自己的意愿进行检索。同时，学生能够通过学习，提高自己对材料进行记忆并且以后加以追忆的能力。记忆绝不是一个被动的和无足轻重的活动，而是一种积极的、主动的追求。

1. 记忆型教学模式的理论基础

记忆对于个人能力的提高，以及建立更好的学习信息仓库都是非常有必要的。记忆型教学模式是以一些具体的技巧性记忆方法为基础的，如联词法、辅助记忆系统等。研究发现，联词法适用于课堂教学、个别辅导以及自学等情况，能明显增进有关记忆的知识，促进教学资料设计体系的发展。通常联词法由两部分组成：第一步把未知事物和已知事物联系起来；第二步赋予这种联系以意义。联词法不仅有助于有效地组织教学活动，使学生能够容易地建立起意义联系，从而取代传统的死记硬背的方法，而且还能够在学生进行新的学习时，教会他们自己去建立新的联系。一种高效率的记忆型教学模式能够诱发学生对于记忆对象的注意，而且通过多种感官被感觉到的东西能够产生最好的记忆效果，这些感觉的通道都含有能与新材料建立联系的旧材料。

此外，记忆型教学模式是以记忆的一些基本原则和方法为理论依据的。记忆型教学模式中涉及意识、联系、联系系统、词语替代体系和关键词等基本概念。意识就是给予识记对象以足够的注意。联系是把识记对象与已知或已经记住的东西联系起来。而联系系统则是按照记忆的程序，在把两种概念联系起来以后，再用第二种概念联系第三种概念并依此类推。词语替代系统常用于记忆当中遇到的一些比较抽象的单词或短语，要求记忆者想象出与它们读音相似或能唤醒其记忆并能在头脑中形成图像的材料。关键词的本质是选择一个能代表主要思想或若干从属观点的单词。

2. 记忆型教学模式的教学目标

记忆型教学模式运用于课堂教学中，旨在提高学生对所学内容的注意，帮助他们通过寻找新旧知识之间的联系来掌握有趣的概念，并从记忆中感受乐趣。记忆型教学模式的另一任务就是要让学生意识到，学习和记忆能力的培养能够促进他们智力的发展。在运用技巧性记忆方法的过程中，学生的想像力得到提高，创造性思维受到鼓励，对周围环境的注意也得以强化，因此，记忆型教学模式的最终目标是让学生成为更高效的记忆者。

3. 记忆型教学模式的操作程序及其运用

记忆型教学模式在操作程序上主要包括四个阶段。下面，我们将结合有关记忆型教学模式的案例，对这四个阶段逐一进行说明。

（1）第一阶段：识记材料。

学习者集中注意力，运用画底线、列表和思考等有利于记忆的方式识记材料。这一阶段，主要是对材料进行整理、思考以及比较各种概念。这一阶段具体的教学步骤如下：

①将需要学习的信息加以组织。从根本上说，信息被组织的程度越高，对它的识记和保持就越容易。信息可以用分类来组织。概念获得、归纳和先行组织式思维训练都可以帮助学生建立材料之间的联系，从而使记忆变得容易。下面是一个常见的单词拼写的表格，它是按照拼写课本里的顺序排列的。

soft   plus   doth   frost   song

trust   luck   club   sock   pop

cost   lot   son   win

我们可以让学生根据这些词的起首字母、结尾字母以及元音把它们分类。这种分类要求学生仔细观察单词并把不同单词的相同因素联系起来。接下来他们可以把每类单词都加以命名（如"c"组和"st"组），并且进一步注意每一类的共同属性。他们还可以把合适的词放在一起组成词组（如"pop song"［流行歌曲］、"soft cloth"［柔软的布料］等）。然后他们可以每次进行一类单词的拼写记忆。这一规律也适用于其他种类的材料，例如，数字和事实等。类别由教师提供给学生也好，由学生自己划分也好，目的是相同的，并且，我们会根据大脑中储存信息的分类进行选择。上面的单词表就其形式来看几乎是随意安排的，而一个精心设计的、包含有各种变化因素的分类表将会使得组织材料更为容易（至少其中应暗含着若干种类）。

②将需要学习的信息排列顺序。以系列形式出现的信息比较容易被识记和保持，尤其当系列具有意义时更是如此。例如，学习澳大利亚各州名称时，如果总是从同一个州（比如，最大的州）开始并且总是按同样的顺序去记忆其他州，记忆就会容易一些。按年代顺序排列的历史事件也比其随意出现时容易记忆。顺序是组织信息的另一种简单的方法。我们可以让学生按首字母的顺序把他们拼写的单词排列成序。

（2）第二阶段：建立联系。

熟悉记忆材料，运用关键词、替代词和联系词等技巧来建立学习材料之间的联系。在运用这些技巧时，要把新的识记材料与熟悉的词汇、图像或观点联系起来，并且把这些词汇和图像连为一体。

①在信息和熟悉的材料之间建立联系（同时考虑发音和意义两方面）。例如，学习美国各州的名称时，可以把"Georgia"（"佐治亚"）州联系到"George"（"乔治"），把"Louisiana"（"路易斯安那"）州

联系到"Louis"（"路易斯"），把"Maryland"（"马里兰"）州联系到"Marry"（"结婚"）或"Merry"（"玛丽"）等。把这些州的名字分成类，或者按面积排列，或者按地区排列，则可以提供更多的联想。

②把信息形象化。"Maryland"州可以联想到一幅"marriage"（"婚礼"）的图像，"Oregon"（"俄勒冈"）州可以联想到"agun"（"一支枪"）的画面，"Maine"（"缅因"）州联系到排水管道（"main"）等。把字母和数字排列成可以唤起熟悉的声音和想象的形式。例如，"one"可以联系到"bun"（"小面包"）和一个孩子吃小面包的图像；"b"联系到"bee"（"蜜蜂"）和蜜蜂的画面。这样的联系可以反复地运用。想象一根不祥的金属弹簧（"metal spring"）恶毒地缠绕在春花（"sprmg flowers"）上，"四月是最可怕的月份，荒原上生长着紫丁香"这句诗就容易记住了。

③信息之间相互联系。记忆一个人的名字时，如果联想到一个有着同一姓名的名人、一个读音相似的东西或是某种与此有关的个人信息，会比单独记忆名字本身容易。

（3）第三阶段：扩展感觉表象。

要求学生以多种感觉通道将要识记的材料联系起来，并且通过荒谬的联想或夸张来制造幽默的渲染效果，从而加深学生对材料的印象，更容易唤起学生的记忆。

这一阶段在操作上，要把需要记忆的信息变得生动。有人喜欢"荒谬的联想"，也就是说，把信息以荒谬的形式联系起来（用"两个傻家伙背着两个双胞胎，所以他们实际上是四个"来记忆2加2等于4）。还有人喜欢渲染和生动的说明（比如，数两队篮球队员，说明5加5等于10）。

（4）第四阶段：练习回忆。

要求学生对这些材料进行反复回忆练习，直到完全掌握所学习的知识为止。

练习总是十分有效的，学生会从其结果中获益。对于那些没有过记忆成功体验的学生来说，当他们记忆简短材料取得成功时，明确而及时的反馈会增加他们的信心。

4. 记忆型教学模式的教学策略

教师的基本任务就是在做好课堂教学准备的同时，找出记忆过程中需要的联结物，甚至必要时还要准备图像材料，或者帮助学生把新的知识和他们熟悉的词语以及视觉形象联系起来，以便能在教学过程中顺利运用记忆型教学模式。教师帮助学生处理材料，确认建立联系的关键词、联系范围，并针对学生的进展情况提出建议。

在记忆型教学模式中，教师和学生应相互合作，共同努力把材料整理成易于记忆的形式。学生处理的材料应主要来自于学生的已有记忆。在掌握了一定的记忆方法以后，教师应鼓励学生大胆运用记忆术，增强他们在学习中运用记忆手段的主动性。此外，图片、电影和其他视听材料有助于增加学生记忆感觉的丰富程度，应成为课堂教学记忆型教学模式的必备材料。

记忆型教学模式对于所有需要记忆的学科领域都是适用的，既可用于班组式记忆，如化学课上掌握化学元素周期表；也可用于个人式记忆，如一个学生学习一首诗、一段演讲或表演等。教师在课堂教学中应当逐渐减少学生的依赖心理，训练学生在面对需要记忆的材料时都能灵活自如地运用记忆型教学模式中的技巧。

角色扮演型教学模式

1. 角色扮演型教学模式

角色扮演型教学模式是在一个模拟的情境下，学生扮演某种角色的情感、态度及行为等，并通过相互之间的交流、讨论，依靠学生集体解决个人的困境，达到让学生学会运用社会交往技能目的的教学模式。

角色扮演型教学模式主要以 F·沙夫特（Fannie Shaftel）和 G·沙夫特（George Shafted）的理论为基础，同时也汲取了马克·切思勒（Mark Chesler）和罗伯特·福克斯（Robert Fox）的一些观点。其理论主要建立在以下四个假说的基础之上：第一，设置一种在经验基础上的学习情境，在这个情境中所发生的事情可以作为学习的内容。在与现实生活中的问题情境相类似的学习环境中，学生通过角色扮演，可以学到真实的、典型的情感反应和行为方式。第二，角色扮演可以激发学生的情感，帮助学生增强对情感的自我认识。第三，情感和思想在群体中产生并融进群体意识之中。同伴群体的集体反应能够产生新的思想，为学生的发展和进步提供指导。第四，通过综合自发的角色扮演和理智的分析，可以将涉及个人情感、态度、价值观、宗教信仰等因素的潜在心理过程带入人的意识之中。如果个体认可并接受所扮演的角色的价值观念和态度体系，并反对其他的观点，他们就能在一定程度上控制自己的主观意识和信念体系。通过这些比较、分析的过程，学生学会评价自己的态度、价值观念及信仰。在他们看来，角色是极为关键的概念，它是人的情感、言语、行为等方面组成的集合体，是能够与他人区别开来的独特的行为方式。角色扮演是促进人们相互理解的途径。我们可能并不认同别人的情感、态度和思想，但是我们只要将自己置身于他人的位置，进行换位思考，就会理解和体会其思想，并产生移情，促进人际沟通和社会交往。总之，角色是角色扮演型教学模式的核心概念，渗透于整个角色扮演过程，成为活动的重要部分。学生必须学会认识不同的角色，根据角色来思考自己和别人的行为。

2. 角色扮演型教学模式的教学目标

角色扮演型教学模式的教学目标是在教学中通过角色的扮演，帮助学生建立自己在社会上的角色意识，掌握社会行为规范和解决社会问题的方式，增强社会沟通和人际交往的能力。

通过角色扮演型教学模式的实施，能够训练学生形成一定社会角色的基本态度和行为规范，帮助学生学会为人处事的态度和技巧，同时培养学生的艺术表演能力。这种模式在文科类教学中被广泛地运用，但是，我们也要看到，教学活动的模拟情境与复杂的社会问题相比，显然是难以相提并论的。所以，角色扮演型教学模式在培养学生正确处理社会交往和人际关系的能力方面的作用是很有限的，毕竟，学生这些综合能力的提高还有赖于广泛深入的社会实践。

3. 角色扮演型教育模式的操作程序

F·沙夫特和G·沙夫特认为，角色扮演活动可分为九个步骤。

（1）小组预备活动。

在这个阶段，教师先提出一些令学生感兴趣的问题。然后，通过实例描述和说明提出问题，设置一种问题情境，让学生感受他们准备扮演的角色的情感、态度、价值观、处境等。

（2）挑选扮演者。

师生共同描述情境中不同角色的外貌、态度、情感和行为等要素的特点，比如每个角色的长相、态度、行为等。然后，师生共同挑选角色。学生可以选择自己比较喜欢或认同的角色，也可以自荐扮演自己想探讨的特殊角色。在此，教师在决定角色扮演者时，应该建立在学生自愿的基础之上，最好不要以主观意愿决定哪个学生扮演什么角色，这样会容易打击其他学生的积极性，影响学生的表演水平。

（3）布置场景。

师生布置和准备角色表演的场地、背景、进程、表演者预备动作和语言，以及观众的位置、语言等。

（4）组织观众。

观众的作用也十分明显，没有观众，表演就缺乏气氛和情境真实性。教师应该给观众分配具体的任务，比如配合表演者的工作、帮助维持场景秩序、评价表演者的表演水平、分析表演效果、总结表演过程的得失、为表演提出意见和建议等。总之，要尽可能让每一个学生都参与到角色扮演活动当中来。

（5）第一次表演。

表演者按上述准备进入模拟情境，进行实际表演，开始经历和体验角色的情感、态度和行为的变化，融入角色的具体生活。在这个阶段，教师不应要求学生做得很完美，因为在表演的过程中可能会遇到一些不可预测的因素，并且，对学生而言，经历表演的情境也不失为一种收获。在这个步骤中，角色扮演的目的主要是学生对事件和角色进行简单的组合和演练，初步熟悉表演活动的步骤，明白人物的行为和性格等，以便为下次表演做更充分的准备。在初次表演中，主要角色可以让多个学生轮流扮演，以增强角色选择的多样性，为下一步的讨论提供更多的素材。

（6）讨论和评价表演。

首先，教师组织学生集中讨论剧情中的角色，并就如何演好这些角色提出意见和建议。其次，教师引导学生重点讨论一些实质性的问题，包括情节的合理性、扮演者的动机等。在这个过程中，需要引起重视的一点是，教师必须帮助观众顺着表演者的表演过程进行思考，例如，可以提出这样的问题："当×××说出这些话之后，你们认为他会怎么想？"随着讨论的深入，师生应该把重点逐渐转到为下一个阶段的表演做准备上面，帮助用不同方法表演同一个角色的学生不断加深对角色的理解。

（7）重新表演。

教师和学生进一步讨论和研究角色，加深了对角色的理解，进而考虑是否更换扮演者，而表演活动可以安排讨论和表演交替进行。新的表演应当尽可能探究一些新的发展和变化。例如，更换一个角色之后，要使学生真正看到这种变化如何引起另一个角色扮演者行为的变化。而表演活动的特点，主要在于扮演者可以尝试运用不同的方法表演同一个角色，并能够看见表演的进程和结果。通过这样的方法，学生可以更好地掌握解决问题的办法。

（8）讨论和评价。

这个阶段和第六阶段基本相同，但师生讨论和评价的重点在于，表演的角色变化之后，是否引起相应的情境发展和变化，以及问题解决的办法能否顺利地迁移到现实的生活当中。

（9）总结。

教师引导学生总结表演情境中所发生的各种人际关系及解决问题的方法，并鼓励他们把解决问题的经验和角色扮演的行为规则运用到社会生活当中。

总之，表演活动的每一步都是有具体目的的，通过这些步骤，确保与主题有关的思想贯穿于整个角色扮演活动之中，帮助学生把注意力集中到自己所扮演的角色上。下面，我们将以一个角色扮演型教学模式的实际个案，来帮助大家理解该模式的操作程序（所引用的案例往往和模式的基本程序不是一一对应的关系，希望读者在阅读的过程中加以思考和斟酌）。

经典案例

第一阶段：小组预备活动，即提出问题和描述情境。

在美国东部的初一年级，威廉斯老师不满意班上同学经常为一些小事情争论不休的现象，因而决定尝试采用角色扮演的方式解决这个问题。首先，他提出了要解决的问题，即主要是促进同学之间的沟通，改善班上的人际关系。其次，他让学生描述班上当天发生的各种问题和情境，并把这些问题进行归类，然后通过投票的方式来选择优先解决的问题。最后，在教师的引导下，学生选择了首先解决因游戏角色而引起的争论这个问题。

事情的经过是这样的。有一天课间，同学们经过短暂的休息后回到教室，激动地相互抱怨着。威廉斯老师问发生了什么事，学生们立刻争论起休息时发生的一系列问题。两名学生争论起到底是谁把体育器材拿到了教室外面。然后，全体同学都为做什么游戏而争吵。紧接着，又为参加游戏的双方人选而争论起来，争论还包括女生应和男生一起玩，还是应该单独玩等。最后全班学生开始打排球，但不大一会儿，学生又为一个判球而争论不休，游戏便这样不欢而散。

开始时，威廉斯就对全班学生的行为表现出明显的不认同。他生气不仅仅是今天学生之间的争端，而是因为本学期开学以来班里就一直存在着这些矛盾。因此，他说："我们不得不面对这个问题了，你们一定也和我一样对此疲惫不堪。下一步我打算用一种能够较好地促进人际沟通和社会交往的方法——角色扮演法来解决我们班的问题。现在，你们分成几个小组进行讨论，确定我们班所存在的问题的种类。例如，今天的事情。"

根据威廉斯的要求，学生们从谁把体育器材拿到室外而产生的争论开始，一一罗列了当前存在的矛盾和争论。这些矛盾和争论都是典型的，是学生一直面对而且必须学会处理的具体问题。同学们以组为单位列出问题之后，教师指定一名学生做组长，对本组出现的各种问题进行讨论。

最后，各组同学一致认为，有几个问题始终困扰着大家。同学们将这些问题分成了不同的种类。第一类问题是关于劳动分工的；第二类问题是关于参加游戏双方人员的安排原则的；第三类问题是游戏中的各种争论，例如，球是否出界，球员是否下场或是否安全等。教师指定每组学生围绕某一类问题，让大家详细描述出现这种问题的情境。然后，全班就如何优先解决这些问题进行投票。他们选择的第一个问题情境是由游戏角色引起的争论，他们选择的真实问题情境是由于判球引起争论的排球比赛。

大家一起讨论了当时问题情境的发展过程。问题开始于一个球是否出界，有的认为球在界内，有的认为球在界外，学生为此争论不休，球赛不得不暂停。

上面对案例已经作出简要的描述，下面可以把第二至第四阶段，即布置场景、挑选扮演者、组织观众等阶段合并在一起进行讨论了。其实这几个阶段都是表演前的准备，只要确定好问题和情境，按照步骤去操作就可以了，关键的问题是下一步如何去表演、去评价表演及再表演等。

威廉斯挑了几个学生进行表演，重复当时的情境，让其他学生聚集一起观察不同角色的情况。一些学生观察当时争论的发展过程，一些学生分头研究不同的角色扮演者，观察他们是如何处理当时的情况的。

第五阶段：表演。

由于表演的情境是发生在学生生活当中的事实，而且发生的时间和他们表演的时间很接近，所以学生的表演很成功。由此，我们也可以得出这样的启示：如果选择与学生的经历相近或是学生感兴趣的问题及情境，表演更容易取得成功。

表演活动令人振奋。那些在球赛当中处于反方的学生参与了表演，其表演栩栩如生，如同身临其境。当他们站在场地中间互相大声叫喊的时候，威廉斯喊道："暂停！"然后让同学们谈论当时的情况。

第六阶段：讨论和评价表演。

由于前面的表演很投入，学生讨论的热情高涨，出现了一些自发产生和偏离既定方向的现象。因此，威廉斯适时地引导学生，把他们的思路引向加深对情节中角色的理解、改善表演质量上，要求学生不断转变观念，从不同的角度认识问题。学生受到很大的启发，开始尝试扮演裁判的角色。

每个人都争着发言，讨论逐渐集中到参与者的态度是如何阻碍问题的解决了。每个人只顾自己说，不注意倾听别人的意见。最后，威廉斯让学生想出一些在类似的冲突当中，人们可以采取的解决方式。一些学生建议礼貌地认输，但另一些学生认为自己当时是正确的而提出反对。最后，同学们把注意力集中到一个他们认为很重要的问题上：我们怎样制定一条决定谁当裁判的规则？别人对裁判的判罚应持什么态度？他们决定让所有参与者重新演示一次，只有在防守的一方看清球出界，而另一队没有看清的情况下，才可以判罚。

第七阶段：重新表演。

根据上述新规则，学生重新表演，期间也有短暂的讨论。这次表演并不是前一次表演的简单重复，而是增强裁判的角色和判罚的行为，同时，也让另一个角色的表演产生了新的变化。这个时候，学生已经发现和了解了大家遵守规则和相互信任的重要性，形成了清晰的角色认识，认为只有理解对方的角色，即互相信任，才能顺利地进行比赛，这是一次成功的表演。

比赛开始了。这次球员们努力遵守刚刚制定的规则，防守一方有权裁判，进攻一方有权反对裁判。比赛再次在一片叫喊声中结束了。然而，比赛结束后，那些观看比赛的学生指出运动员们还没有完全按照规则进行比赛。学生们认识到，如果要举行比赛，双方就必须互相信任，并就谁有权进行裁判达成协议。

他们决定再进行一次比赛。这次增加了两个人作为裁判员。他们的加入完全改变了这次比赛。裁判员坚持球员们应当听他们的。在赛后的讨论中，大家指出：要保证合理的秩序，解决争端，必须制定一个制度，如果没有裁判员，问题不可能得到解决。最后，他们达成一致意见：在以后的比赛中，让两名学生当裁判员。这两个人对于比赛的顺利进行非常重要，他们要对争论进行裁决，根据比赛规则裁判，他们拥有最终决定权。

第八和第九阶段：评价、讨论表演和总结表演的阶段。

接下来，威廉斯继续观察和评价学生的表演活动，并把表演活动的收获用于解决班上当前存在的其他问题。但威廉斯并不满足于仅仅解决班上的问题，他引导学生进一步观察社会，对更广泛的社会具体问题进行思考，从中探究和认识社会人际交往的规则。

第二天，在威廉斯的指导下，学生们开始了第二轮的活动。学生们关于其他方面问题的争论又延续了几个星期。起初，那些经过争论被澄清的概念只能简单地运用于具体问题的解决，但在教师的引导下，讨论逐步深入，学生们开始考虑支配个人行为的基本道德问题。学生们开始理解：无论个体或群体，在共同的生活中，必须形成支配自己行为的规则。他们还开始注意培养自己的协商能力。那些总爱与别人发生冲突的学生也逐渐懂得，如果自己在行为上能有所改变，别人也会谅解、让步，也就不会出现解决不了的问题。

4. 角色扮演型教学模式的实现条件

角色扮演型教学模式首先需要选择一个问题情境。选择的情境应适应学生的年龄特征、文化背景、兴趣爱好、个人阅历等，这样才能激发学生参与表演的积极性，更好地解决问题。同时，情境表演也应选择各种不同类型的角色，让学生都参与到表演中。这些情境的素材很多，如小说、电影、电视中的价值冲突，现实的社会事件等。

在角色扮演教学模式中，教师主要起指导和支持作用，而不是包办代替。教师可以决定表演的主题和方法，然后帮助学生设计表演，如表演时间的设定、角色的选择、表演的程序等，鼓励学生自由、真实地表达思想和感情，引导学生的表演从一个阶段过渡到另一个阶段，并适当地总结和提出下一个阶段的修改意见。在表演过程中，教师应当遵循下面五个重要的原则：第一，教师应以一种非评价的方式接受学生的反应和建议，即使学生的观点、情感及建议与自己的意见不同。第二，教师的态度和反应对学生探究问题的不同侧面起帮助作用。第三，教师通过解释、总结等方式，帮助学生提高对自己的观点和情感的认识。第四，教师应强调学生可以用不同方法表演同样的角色，或用不同的方法解决同一个问题，由此产生的效果也不相同。在此需要注意的是，大部分讨论和表演的具体内容应由学生来决定。

学生是扮演者，是表演活动的主体。这就要求学生能够认识情境的问题和角色，并认真扮演自己的角色。无论是观众还是表演者，都要积极配合教师和同学的表演。表演结束后，学生应主动与教师交流，阐述自己在角色扮演时的感受、解决问题的方法、情感的变化以及下一步表演的建议。同时，学生之间也要相互交流，分享自己和别人的表演成果。

5. 关于角色扮演型教学模式运用的说明

角色扮演型教学模式可以运用于不同层次、不同年龄阶段的学生，但表演需要较好的组织者和表演者，所以教师应具备较强的组织和领导能力，帮助学生顺利完成任务，而学生也需要一定的表演水平。同时，表演的时间相对较长，需要双方有一定的耐心。但要表演好，关键在于选择合适的问题情境和扮演者。

探究型教学模式

1. 探究型教学模式

探究型教学模式是以社会问题的产生、决策或公共政策的决策、执行等过程作为教学活动的素材，通过积极的智力活动与激烈的辩论，引导学生主动学习高深的知识和探讨人类普遍价值的一种教学模式。

哈佛大学教授 D·欧里文（Donald Oliver）和 J.P·沙文（J. P. Shaver）首先提出了探究型教学模式。这个模式是建立在"社会"这个概念的基础之上的。他们认为，在社会上，人们接受和存在各种不同的文化、思想和价值观，在公共问题上也持不同的立场和观点，甚至可能产生冲突，所以公民需要学会理智地分析社会公共问题，不断地进行沟通和妥协，形成公正和符合人性尊严的观点。基于此，他们主张，在教学领域，教师和学生可以思考社会公共政策问题及其制定、执行主体，通过正反双方的对话来揭示社会政治事件的矛盾冲突，探讨解决问题的途径和探究人类普遍的价值（如自由、平等、良心、正义、言论自由等）。

探究型教学模式有三个主要的概念。一是苏格拉底对话法。在这种对话中，教师要求学生就一个问题选择一种立场或作一个价值判断，然后教师通过自己的论证来询问学生的立场。比如，一个学生在某种情境下发表对自由的看法，教师可以检验他的想法是否在所有情况下都是一致的。此时，教师的作用是通过对一些相关的、具体的问题的质询、论证来考察学生的立场，直至使学生的观点变得更清晰、更具体。这种对话法的主要特点在于用类推的方式来反驳学生的一般陈述，进而得出相对明确的结论。二是公共政策问题。公共政策问题是由市民或政府官员所作出的有关政府或社区事务的决策。公共政策问题既可以是政府的决策，如"政府是否应该发动对伊拉克战争"，也可以是个人的行为选择，如"我可以向政府请愿停止发动伊拉克战争吗"。三是价值体系。探究型教学模式主要探讨公共问题的决策和执行，涉及人类深层次的价值和道德的冲突，涉及自由、平等、公正等普遍的价值观。在欧里文和沙文的教学模式中，他们所指的价值体系实际上是美国的道德、法律体系。因为对公共问题的争论大多集中在定义、价值、事实等问题上，难以形成统一的认识，所以，欧里文和沙文主张用统一的词汇和普遍认同的术语、标准规范的定义、双方协商及平衡的价值来解决所争论的问题。

2. 探究型教学模式的教学目标

探究型教学模式的教学目标是帮助学生掌握分析和论证社会问题的方法，引导学生去探讨学术研究的价值标准，以提高学生的法理逻辑能力，促进学生的社会化，使其最终成为良好的公民。

探究型教学模式实际上是一种以包含价值冲突的社会公共问题为基础的案例教学模式。在这种教学模式中，师生之间的关系是平等、合作的，他们的共同目的是在同一个原则下追求真理和价值标准。该模式的优势在于师生始终保持互动的活跃气氛，可以促进学生加深对社会价值问题的理解和认识，尊重伙伴的见解以及增强在公共场合发表意见的勇气。但它也有不足之处，该模式对教师和学生的要求很高，如果教师没有足够的逻辑推理能力和辩论能力，将很难维持和组织辩论。而学生如果缺乏社会公共问题的一些常识和参与辩论的意识，教学活动也难以顺利开展。

3. 探究型教学模式的操作程序

探究型教学模式包括六个阶段。

（1）提出事件。

教师先向学生介绍事件，可以通过讲述一个故事或历史事实，看一场有关价值冲突的电影，或讨论在学生生活的学校或社区里发生的事件等来进行。其方法是教师通过概括事件发生的情节来引导学生了解、熟悉事件中的事实，分析在事件中的个人行为及其原因，或者把有争议的地方表演出来。

（2）认清问题。

学生把所得到的事实综合概括成一个公共事件，找出其中所涉及的价值标准（例如，言论自由、基本福利保障、地方自治、发展机会均等），确定不同价值标准之间的冲突。但在这里，不要求学生表达自己的观点或选择立场。

（3）选择立场。

要求学生表明对问题的看法，选择自己所持的立场及其基础。

（4）探究所选择的立场。

教师从对立方的角度来考察学生的立场。在扮演苏格拉底的角色时，教师（或学生）可以从以下四种辩论类型中挑选一种使用：一是要求学生确认哪些或是哪一点违反了标准；二是通过类比，阐明价值标准的冲突；三是要求学生证明一种立场可能出现或不可能出现的后果；四是要求学生选定哪一种价值标准更为重要，并且阐明如果缺乏这种标准会出现什么样的情况。

（5）明确并进一步稳固立场。

这个阶段很自然地从第四个阶段延伸过来。教师要求学生进一步阐明和稳固自己的立场，但有时也需要鼓励学生重新陈述他们的立场。

（6）验证关于事例、定义和后果的假设。

通过确认和考察学生所持立场背后隐含的事实和假设，帮助他们进一步检验自己的立场，教师应该帮助学生判定自己的立场在最极端的情况下是否站得住脚。

探究型教学模式的六个阶段可以分为分析部分（第一、二、三阶段）和辩论部分（第四、五、六阶段）。分析部分可以为探究活动的进行准备材料，而以正反方形式开展的辩论最容易使学生形成某种观点。

接下来，我们将以一个探究型教学模式的个案，来进一步说明模式的基本操作程序。

经典案例

在下面苏格拉底式讨论的例子中，学生们正在研究一个选举权的问题。问题是：联邦政府应该命令南方各州给黑人平等的选举权吗？教师把这个案例提了出来，学生们认为其中的价值冲突在于国家权力和机会均等之间的对立。一名学生自愿陈述他的立场。而教师充当苏格拉底的角色，用多种类推的方法去质询学生的立场并为之辩护。他坚持黑人应该有投票选举的权利。教师和学生们对这一学生的观点进行了分析。在整个讨论中，教师用了多种推理方法去质询他的立场。

在这个部分已经包括了第一、二阶段，既对事例进行介绍（选举权的案例选择），又认清了问题（即辩论的主题）。下面就进入了苏格拉底式精彩辩论的第三、四、五、六阶段。

第三阶段：选择立场。斯蒂文同学表明了他的立场，并开始进一步陈述他的论据。

教师：你怎么认为？

学生：我认为地方政府赋予警察的权利只限于此，黑人应该拥有选举权。（学生表明立场）

第四阶段：探究争论的观点和类型。首先，教师用类推的方法，用特例（部队去保护每个人的投票权）来证明学生的观点是否能够在任何情况下都适用，学生肯定了教师提出的特例，也就意味着开始否定了自己的立场，只是还没完全表露出来。接着，教师用事实证明了学生所采取的立场的可能和不可能出现的后果。教师在肯定学生"黑人应该拥有选举权"观点的前提下，试图让学生证明那些有选举权的黑人受到恐吓后，联邦调查局是否有必要去做调查。

教师：如果发生暴力和反抗，黑人也应该有投票选举权吗？我们应该向南部派部队去保护每个人的投票权吗？（教师通过指出这种立场可能带来的不良后果而表明自己的观点）

学生：我不是这个意思，我并不认为我们必须派军队。（学生进一步解释他的立场）

教师：假如黑人有了投票权又会怎样？（教师继续质询）

学生：是的，也许会。

教师：假如有人给准备投票的黑人打电话，威胁他说如果他明天投票，他的孩子就会出事。你认为我们应该派联邦调查局去调查这些恐吓吗？［教师检验如果出现违背价值观时会出现的问题（类型1）］

学生：不。

教师：为什么"不"？

学生：假如这种威胁真的发生，我将派部队或联邦调查局去解决。（斯蒂文对违背价值观的事情有自己的看法）

教师：你想等到黑人家庭发生不幸之后再派人去阻止吗？那是站不住脚的。你想，如果存在一种害怕和恐惧的气氛，我们只有设法改变它之后，人们才会自由投票。难道我们非要等到暴力出现后才行动吗？［教师检验学生立场的一致性（反应原则）］

第五、六阶段：稳定立场和验证假设。在教师强大的攻势下，学生不知不觉地违背了自己的观点，逐渐否认了黑人应该拥有选举权，接着教师以病人是否应该有选举权为例，用类推的方式推翻了他的观点。最后，学生完全违背了他最初所持的立场。

学生：对于黑人来说是这样的。

教师：为什么？

学生：因为我不想让所有黑人都拥有选举权。（学生改变了立场）

教师：你想将一些黑人的选举权给白人，是吗？［教师检测学生新立场的一致性（反应原则）］

学生：是的。

教师：为什么？

学生：因为我觉得黑人低白人一等。（学生说出了他所持立场的基础）

教师：在什么方面？

学生：在智力、健康、犯罪率方面。

教师：你的意思是假如一个人患有肺结核或其他疾病，就不应该拥有选举权，是吗？［教师用类推来检测学生的立场（类型2）］

学生：不。

教师：假如一个黑人有病，我们让不让他投票？

学生：让他投票。我的意思是他们在这些方面不如白人，而不是说因为这些就不让他投票选举。

教师：那么你不让他拥有投票权是出于什么原因？

学生：我想是由于这些原因使他们低人一等。（学生自己笑了，意识到自己前后观点的不一致）

4. 探究型教学模式的实现条件

（1）教学环境。

需要一个带有问题的环境，最好是具有价值冲突的案例，并用比较丰富的材料来支持。

（2）教师的作用。

教师应该创造一种充满活力的、好问的，所有观点都受到尊重的良好氛围。对第四、五阶段的反应，不应以同意或不同意的口吻进行。教师可以通过相关性、一致性、特殊性或一般性的提问和对定义的阐述对学生的立场作出反应。教师同样也要注重强化学生对问题思考的连贯性，以便他们在进行辩论之前形成自己的逻辑思路。同时，教师也要深入研究学生的观点，避免对学生观点进行直接评价，也避免采取一种立场。总之，教师必须让学生清楚：对事件的阐述和采取最有防御性的立场都要坚持客观性，所提供的证据和对事实的假设必须经得起质疑。

（3）学生的要求。

学生要认真阅读案例材料，然后选择一个立场或观点。根据学生的立场，把学生分为小团体，每一个团体经过研究和讨论后，拿出充分的证据和充足的理由。学生必须自信，敢于表达自己的观点。但辩论结束后，学生可以选择不同的结论。

5. 关于探究型教学模式运用的说明

该模式主要适用于高年级的学生，不宜在初中水平以下的年级使用。在选择案例的时候，教师应该选择和社会生活密切联系的案例。这样学生才有可能顺利掌握探究型教学模式，进而把这种模式运用于社会生活当中。

研究训练型教学模式

1. 研究训练型教学模式的理论基础

研究训练型教学模式是勒温（K. Lewin）等社会心理学家提倡的一种训练方法。他们认为，个人在现代社会中日益被分离、隔绝与支解，而复杂的科层组织中也面临着同样的处境，人们也感到孤立和无助。为此，他们试图利用群体动力学的原理来影响社会变化和改善组织内部的人际关系，从而改变个体孤立无援、失落悲观的局面。他们把这种群体动力学的学说运用到课堂教学中来，就逐渐形成了研究训练型教学模式。在此，我们需要注意的是，研究训练型教学模式并非就是我们平常所认为的在实验室进行学习和研究训练，而是以小组的形式进行合作学习和研究的一种教学模式。因此，训练小组是该教学模式的核心环节。这样，研究训练型教学模式也被称为训练小组模式。

研究训练型教学模式理论的基本假设是：学习依赖于个人经验，然后个人经验才能和群体观念结合为一体；学生可以通过参与活动过程而学到参与社会群体和组织的技能。与其他教学模式不同的是，研究训练型教学模式需要具备六个必要条件，这六个条件也构成了该模式的六个重要概念。这六个重要概念是：（1）当前情境下的学习。这指的是建立在那些共享的、公共的、即时的、直接的、第一手的尚未概念化的和自我认识的经验基础上的学习。所以，训练活动强调的是当前情境下参与者直接发生的情感、行为交互作用，而不是过去或尚未发生的事件。（2）反馈。训练小组成员对当前情境下相互之间的反应和情感作出坦率的、描述性的和非评价性的解释。如果小组成员间没有这种反馈，那么就无法形成即时和可信任的反馈机制，也就难于获得有关成员自身的行为信息。（3）弃旧图新。它是指激发小组成员抛弃那些已不适应于人际情境中感知和行为的旧方式，学习新的方式。（4）心理安全感。因为弃旧图新可能会导致学生的心理焦虑，压制学生的学习愿望，所以需要营造一种有支持的环境和令人信赖的气氛，这就是心理安全感。（5）参与中的观察。小组成员在训练小组活动中同时扮演多种角色，有参与者、观察者、行动者、分析者等，他们既不能放弃对其他小组成员的承诺，又不一定会接受他们的影响。（6）理智的框架。这是小组成员理解复杂的人际现象的前提，它的形成有助于小组成员更为清楚地意识到自己的情绪经验，并较好地理解和控制自己的情感。

训练活动是训练小组的中心内容。它有四种类型，由四个基本要素组成。四种类型包括：（1）训练小组自身的活动。在这个活动中，教师主要是对小组的成长和发展进行观察和诊断。（2）为小组经验提供概念框架的理论课。这里的概念框架包括：小组训练目标的概念、规范、内聚力、权力结构，承担各小组任务的角色、个人角色等。（3）完成具体学习目标的集中练习，如角色扮演练习、咨询技能练习等。（4）解决一个普通的真实生活问题的实验。四个基本要素包括：（1）必须有一个能对参与者产生压力的模糊情境。这个模糊情境的基本特征是无目标、无领导、无日程安排，使参与者一开始就作出不充分的、依赖的反应。（2）必须对小组的成长和发展加以定向。（3）用于分析的资料必须来自参与者的经验和反馈。（4）小组成员和教师必须善于在参与中观察。这四种类型和四个基本要素的交叉、组合，增加了训练活动的复杂性。

2. 研究训练型教学模式的教学目标

研究训练型教学模式的教学目标旨在改善学生之间的人际关系，在学生已有的社会交往经验的基础上，培养学生人际交往的态度和能力。由于该模式涉及个人、人际、群体动力及自我指导四个领域，所以每一次训练活动的侧重点都不一样，因此它的具体目标也会有所变化。根据这四个训练活动，该模式的具体目标也可以相应分为以下几种：（1）侧重于个人内部学习。其主要目标在于促进学生的自我认识。（2）侧重人际关系学习。其主要目标在于促进学生理解人与人之间的各种关系。（3）侧重于群体动力学问题的学习。其主要目标是弄清促进或阻碍小组发挥作用的条件，认识小组的特殊规范和标准、小组对参与者的作用、小组的交流方式和交流过程等。（4）侧重自我指导。其主要目标则是帮助学生运用他们的观察能力进行学习，发展那些可用于在情境中进行诊断和提高他们行为能力的技能。

3. 研究训练型教学模式的操作程序

训练小组活动包括了上面所说的几种类型和几个要素，它们的组合增加了小组训练活动的复杂性，同时由于每个小组的成长和发展是独立的，所以研究训练型教学模式很难说存在一个统一的、明确的阶段性程序。就训练小组的训练活动来说，其可能发生的过程大致包括"依赖"和"相互信赖"两个阶段。

（1）在"依赖"阶段，主要问题是"与权威的关系"问题，具体包括三个阶段。

①依赖—脱离。在这种模糊情境中，学生感到紧张、焦虑和不适，产生了依赖倾向与脱离倾向并存的矛盾的心理状态及行为，陷入某种两难境地。一方面希望训练小组能有一个组织机构，有一位领导；另一方面又希望自己脱离这个机构，不去理会一些"领导"的意图。

②反依赖—脱离。当学生沿用常规模式未能有效应对两难情境时，便产生了创造新的解决办法的需要。于是，依赖—脱离倾向便转变为反依赖—脱离的状态。学生尽力避免被领导，并开始分化为两个意见相左的次级组。其中，一个次级组要求有明确的结构和活动安排，而另一个次级组则持反对意见。

③解决—疏通。经过争论，学生都表现出了要充分利用时间的愿望，开始对作为权威的训练者（教师）产生不满，对他们各自责任的认识在不断提高，产生了责任感与合作感。

（2）"相互信赖"。

在这个阶段，学生面临的主要是互相关心和共同关心的问题。如果说依赖阶段中的关系主要是"权力"关系的话，那么信赖阶段的关系则主要是"人格"关系。具体也包括三个小阶段。

①迷恋—依赖。此时小组内部团结一致，小组成员之间产生了积极的情感与亲和力。这主要是因为小组成员尚未看到相互之间的差异。但同时，小组成员也产生了相互脱离的意向。

②迷恋—脱离。此时小组成员看到了各种愿望之间的矛盾和差异，并因此不再迷恋训练小组，脱离小组的倾向日趋明显。

③交感—效应。这一阶段的作用主要在于为小组活动的结局做准备。包括评价每一小组成员的贡献，意识到对他人的反应，以及如何对付分离倾向等。

接下来，我们将以一个研究训练型教学模式的个案，来进一步说明该模式的基本操作程序。

经典案例

第一阶段：依赖。教师因势利导，借助学生对问题产生分歧的机会展开小组训练。

该个案是某教师执教的某市一所中学初二年级的一堂《社会常识课》，她安排了学习考察该市的城市管理的课程。为此，该教师和学生一起拟订了一系列采访计划，包括对市人大例会进行旁听，同市政府职能部门的干部进行座谈、讨论，以及就政府部门的公务员对加强城市管理的态度进行问卷调查等。在制定计划的过程中，学生中争夺主导权的争论开始显现出来，而且在针对比较重要的活动制订计划时，学生中又出现了几个类似帮派活动的小团体。在这里，教师注意到，权利似乎比物质更重要，而个人总是热衷于捍卫自己的观点。因此，教师决定，在制订计划的过程中，要把重点放在提高学生认识自身的社会行为和发展调解冲突的能力上面。

教师一开始就要求各小组把他们正在讨论的各种活动计划录入磁带。然后，她向全班播放了这些录音带，最初只要求学生听。这时，学生中出现了一些不满的反应。有几个学生觉得这是在让他们"难堪"。教师再度播放录音，这回要求学生把注意力集中在一些建议刚刚提出后所引起的争论上。并让学生列出了他们的建议和心理反应。此刻，全班学生都感到很不是滋味，可教师仍然态度和蔼地说："现在，我要求大家从录音中辨认出那些自己说过的，对于其他同学来说是善意的发言。"学生们听过之后，大为惊讶，列出的建议和反应有40项之多。但学生只认定了其中的6项，认为这6项有可能使被提到的人感到其他同学是在提出肯定性的意见。例如，在建议的评论列表上有这样一组对话："芳芳，你是否有过什么实际的想法?"和"真讨厌!"学生喊"反对"的占20多项。这些似乎表达了学生的愤怒，或表示他们拒绝接受不作详细说明的建议，或拒绝承认提议中可能有值得赞许的内容。

第二阶段：互相信赖。经过反思自己的行为和态度，再经过集体的坦诚交流之后，大家感受到从没有过的轻松和愉悦，彼此之间产生了信任和依赖感。教师继续引导学生改变不良的行为模式，进一步改善班级的人际关系。

"李宁，现在你觉得我们做得怎么样?"教师问道。

"我听后感到很不安。"李宁回答说。

"我也是，"苏勇插话说，"没想到我们的脾气那么坏。"

大家笑了起来，气氛不再紧张了。

"好哇，"韦明说，"我看不必再为这件事花太多的时间去争论了。"他的话随即引发了一阵轻声讨论。

"是啊，"教师说。"我真不愿意再提这件事。这样吧，让我来谈谈我的想法。即使你们一下子就看出来我们表达的方式有一些问题，要改变行为方式也不是轻而易举的事。大家往往习惯于用某种方式，包括难以令人接受的方式来提出自己的意见。请大家把录音的内容记下来，同时努力挑选出一些自己可以改进的行为方式，共同努力以取得更大的进步。尽管我们花了时间来注意这些过程，但大家仍会发现彼此之间的关系得到了很大的改善。"

"以前我们讨论的时候，经常感到很累的原因是什么呢？"曾令松问，"平时我们只不过开了十五或二十分钟的会，我就感到吃不消了。这次却不同，我觉得只要我们所做的事令人激动，为大家所接受，我们的干劲就会更足、更投入。"

下课了。当学生离开时，教师听到了两个学生如下的对话。

"我很喜欢这堂课。"陆戈说。

"我也喜欢，"王平说，"我们大家难得开诚布公地谈话，我感到心情很舒畅。"

4. 研究训练型模式的实现条件

（1）教师的作用。

在训练小组中，教师扮演的主要是活动的设计者和参与者的角色。他的任务是为学生提供一个模糊的情境，然后以组员的身份参与训练活动。在小组成员内，教师的身份与学生是平等的，并不以领导者的身份自居。但作为一个特殊的参与者，除了参与活动外，他还应该为学生提供培养能力的机会。

（2）学生的要求。

学生是训练活动的中心，除了不扮演设计者的角色，他们几乎扮演了组织者、参与者、分析者、评价者等其他全部角色。教师在提供模糊的情境后，整个训练活动基本上是由学生自主、自立地进行控制和调节的，而教师的建议只作为参考，能否起作用取决于训练小组的决定。因此，学生之间相互配合、积极参与到活动当中，充分展示了个人的思想和个性，促进了小组训练活动的开展，推动小组形成了融洽的人际关系。

5. 关于研究训练型模式运用的说明

研究训练型教学模式是以学生为中心的、旨在改善人际关系的教学活动模式。在美国，这是一种常见的课堂教学模式。但在我国，实施起来尚有一定的困难，其原因在于两国的学生观、教学观不同。在美国，只要是能促进学生发展的内容，包括知识、社会品质、能力等，都可列入课堂教学活动。而在我国，长期以来，课堂主要是以传授知识为主。因此推行这样的教学活动模式有一定的困难。但作为一种已有多年实践经验和形成较系统理论的教学模式，研究训练型教学模式还是具有积极的借鉴意义的，可以作为我国中小学教学的一种辅助教学模式。

群体调查型教学模式

1. 群体调查型教学模式的理论基础

群体调查型教学模式首先是由 H. 泰伦提出来的。该教学模式是在吸取了杜威民主教学理论的基础上，借鉴其他倡导教学民主化的学者的理论发展而成的。杜威认为，学校是社会的缩影，学校生活是学生参与社会的进程，学生就是通过在学校获得的经验而成为民主社会的合格成员的。另一位倡导民主教学的学者 J. U. 迈克尔斯（John U Michaelis）在杜威理论的基础上，提出了以类似民主团体探讨社会问题的形式来学习的教学模式。H. 泰伦结合上述二者的优点，主张把学术探究、社会整合以及社会化过程等目标综合成为一种教学策略，即群体调查研究的教学模式。

群体调查型教学模式建立在以下两个假设的基础上：一是社会协商的假设。这个假设认为，社会的任何领域都存在规则和协商等约定，并由此产生了社会文化。任何人的行动都必须遵守各种社会规则和约定，约束自己的行为，避免与他人发生冲突。因此，社会个体是互相依赖的，为满足和维护个体的需要，社会必须建立一定的秩序。同时，个体也要研究自己的行为是否符合社会规则，并将社会规则化为自己追求的生活方式。通过这个过程，个人不仅改变了自己的生活方式，也对别人的生活方式产生了影响，这便是社会秩序的协调和再协调的实质。二是课堂教学也可以重复社会协商的假设。该假设认为班级就是一个社会，它也存在独特的秩序和文化，学生要关注课堂的规则和班级的发展。这种教学模式实质上复制了社会所要求的协调方式。所以，学生通过相互之间的协调，掌握了学业知识，学到了社会的秩序和文化，以及解决社会问题的方法。

在群体调查型教学模式中，探究和知识是两个核心的概念。实际上，探究、知识和社会的关系是密不可分的，因为探究产生于问题，知识源于探究，探究和社会联系紧密，社会进步在促进探究发展的同时，自身也得到完善和发展。所以，群体调查的核心在于探究的规则。在泰伦看来，探究能激发和控制人们对事物的注意过程，它是通过与他人交往和被他人启示，以及在思维和行动过程中所表现出来的对概念的理解、不同的态度、概念与重组而建立起来的。因为从根本上说，探究是一个社会的过程，学生正是通过与他人的相互作用，既观察了他人对问题的研究，又明确了自己作为观察者的角色。同时，在此过程中所产生的矛盾也进一步激发了学生对问题研究的兴趣。那么，学生如何进行问题研究呢？首先，学生必须占有第一手材料，并对材料进行加工，提取新的信息。其次，学生要对信息进行综合和分类，阐述并验证假说。再次，学生一定要具有运用口头语言对外部行为进行解释和说明的能力。知识是该模式的另一个核心概念。按照泰伦的说法，知识是一种潜在的经验，它作为纳入个人神经系统的一般概念，并以探究来建立与世界的联系，是存在于人们自己内部的有意义的旧经验。因此，泰伦主张把学生过去习得的经验运用于当前的情境，不断地对经验进行重组，使之成为有用的规则和概念。

泰伦主张学生以小组形式进行探究，认为小组既是一种满足个人探究需要的方式，又是一种有效解决社会问题的工具。反过来，学生在探究过程中，除了运用科学的方法，还要考虑到情感因素。学生在参与探究的过程中，产生了情感，增强了自我意识，发现了自身的价值，也影响了小组的行为。因此，泰伦把学习情境看做是"一种学生融入情感的环境"。当相互冲突的观点对个体产生影响时，他们会融入社会和学术集体中进行探讨。因此，群体调查具有一定的社会影响，它为规范学术研究和教学创造了一种新的途径。

2. 群体调查型教学模式的教学目标

群体调查型教学模式的教学目标是以民主方式探讨和解决学术问题，进而学习民主的程序和科学的探究方法，以帮助学生形成民主意识，学会尊重他人，提高处理人际关系的能力。对于知识的传授来说，群体调查模式无疑是一种很有效的方法。它通过集体合作、探讨的过程，促进学生之间形成相互信赖的人际关系，加强学生对规则和方法的尊重与理解，以及对他人的尊重等。

3. 群体调查型教学模式的操作程序

群体调查型教学一般要经过如下的几个阶段。

（1）疑难情境。

群体调查型教学模式是以向学生提供疑难问题开始的。这种疑难问题有多种表现形式，如语言提示的问题、个人实际经验、教学过程自然产生的疑难情境、教师提出的疑难问题等。

（2）探索学生对情境的各种反应。

疑难情境产生后，教师注意观察学生对情境的各种反应，一旦发现学生对情境作出反应，就要适时引导他们将自己的注意力集中到由这些反应所表现出来的各种心理差异上，包括感知、情感、态度、对于事物的组织方式等方面的差异。

（3）系统陈述研究的任务，并将这些研究任务组织起来。

当学生对于自身的心理反应产生探究的兴趣时，教师就应着手引导学生将兴趣转化为问题，让他们系统地陈述和构建这个问题，并为研究与解决这个问题而组织起来，包括明确为完成任务所应该担当的各种具体角色等。

（4）独立研究和群体研究。

按照学生自己的组织分工进行调查研究，包括由个人独立进行的调查和由群体共同进行的调查两种形式。

（5）分析进步与过程。

各参与者报告调查研究的结果，并根据研究目的，对研究过程、结果、疑难问题等方面一一进行评价。

（6）循环活动。

一般来说，到上述第五阶段为止，一个群体调查研究活动便结束了。但若此时恰好又遇到另外一个问题，或者在调查研究活动过程中又产生了新的问题，那么新的一轮群体调查研究又将开始了。

下面，我们尝试以一个群体调查型教学模式的实际个案，来帮助大家理解其操作程序。

经典案例

第一阶段：学生面临的困境。

某高中地理教师在地理课教学中提出了一个很有意义的问题，她让学生研究各国的人口、经济、教育、政治、卫生保健等几个变量之间的关系，并进行国际比较。

德比·赛克由思（Debbie Psychoyos）教授的高二年级的有关世界地理的社会研究课程，一直通过全球微机系统收集世界上 171 个国家的人口统计数字。学生们四人一组，共分为九组，每一个小组分析 20 个国家的有关数据，探索下列几个变量之间的关系：人口、国民生产总值、出生率、平均寿命、教育、卫生保健、工业基础、农业生产、交通、外债、收支平衡、妇女的权利和自然资源等。

第二阶段：学生对困难情境的反应。

根据掌握的材料，各组学生纷纷陈述自己的不同观点，讨论气氛相当热烈。这种反应差异的存在，为学生进一步深入探讨问题创造了很好的机会。

各个小组报告自己的研究成果。这种纯粹以学术性研究开始的报告突然引起了全体学生的兴趣。

"一些国家人口的平均寿命只有20岁，低于其他国家。"

"我们发现教育水平和各个国家的财富之间没有必然的关系。"

"一些富裕国家花费在军事设施和个人消费上的钱比许多贫穷国家花费在医疗保健上的还多。"

"妇女的权利与政府的类型没有关系！一些民主国家的情况甚至不如一些专制型的国家。"

"一些小国家依靠商业和工业而比较富裕，而另一些国家则是因为拥有一种有价值的矿藏而富裕。"

"美国欠别的国家一大笔钱。"

第三阶段：学生分析任务。

教师趁热打铁，引导学生进行下一步的工作。而学生也是兴趣高涨，进一步思考自己的问题和结论。

进行群体调查的时机已经成熟。赛克由思女士认真地引导学生记下他们对数据的反应。学生们做出决定，要将所有国家的有关数据集中起来，以便弄清各组得出的结论是不是全部数据的反映。同时，他们也决定要获取所选国家的更广泛的信息资源来丰富他们的统计数字。但选择哪些国家呢？他们会验证假设吗？

一个学生说，他想了解世界组织以及这些组织与世界范围内的社会状况之间的关系。他对联合国和联合国教科文组织已有所了解，但不清楚它们是如何发挥作用的。一个学生听说过"七人委员会"，但其他人没有听说过。有几个学生听说过北约和东南亚公约组织，但不知道这些组织是如何运作的。另有一些人则想了解欧洲经济共同体。相当多的人想知道德国统一的细节，还有几个人想了解中国和印度，以及这两个国家是怎样与世界接轨的。

第四阶段：单独研究和群体研究。

教师在学生提出问题后，再组织学生将问题分类，收集资料，将单独研究和群体研究相互结合，为下一阶段分析问题阶段做准备。

显而易见，不可能在探究之前做出决定。然而，进行群体调查的条件已经具备。学生对上述提到的问题感到迷惑不解，每个人的反应也不相同。他们需要可靠的信息资料才能解决这些问题。赛克由思女士微笑地看着她的皱着眉头的学生们："让我们组织起来，对问题进行排序和分类，然后分头收集对我们有帮助的信息。"……

4. 群体调查型教学模式的实现条件

（1）教学环境。

群体调查型教学模式的实施首先需要创设问题情境。情境的素材很多，既有社会问题，也有个人生活经验，并且这些情境应该是能引起学生的注意和兴趣的。其次，学校需要有条件比较好的图书馆，可以通过各种媒体提供探究所需要的信息和思路，同时也能比较方便地获取外界的资源和信息。再次，团体内的所有成员在关系上应该是民主、平等的，研究的气氛是活跃和理智的。只有在这种宽松、和谐的环境下，师生才能顺利地开展教学活动。

（2）教师的作用。

在群体调查中，教师的作用既是顾问，又是批评家。他必须自始至终影响和指导群体的活动。第一，解决问题阶段（问题的性质是什么，涉及哪些因素）；第二，群体管理阶段（现在需要什么信息，我们怎样去得到它）；第三，个人观点阶段（你认为这些结论怎样，你了解这些信息后会有什么不同的做法）。同时，教师一定要做到：首先，促进群体活动的顺利发展；其次，参与群体活动，并引导学生将精力转化为潜在的教育活动；再次，指导这些教育活动以利于个人观点的产生。除非活动陷入困境，否则教师尽量不要过多介入。此外，教师应当引导学生学会收集数据和分析数据的方法，帮助他们提出可供检验的假设，分析构成这些假设的合理要素。

（3）学生的要求。

学生要积极参与，适时对问题情境作出反应，并对大家和自己的反应进行检验。学生要明确解决问题所需要的信息，并主动进行收集，进而提出假设，并利用已有资料去证实假设。最后，学生评价自己的探究结果，开始新一轮的探究活动。

5. 关于群体调查型教学模式运用的说明

群体调查型教学模式可适用于不同年龄段的学生和不同的学科。对于年幼儿童或刚开始学习群体调查的学生来说，可以进行简单的小范围调查，如较为狭窄的主题、事件、信息或活动。对于年龄较大的学生，可以倾向于选择复杂的问题。群体的构建尤为重要，群体内部关系融洽，气氛民主、和谐，将会直接影响到学生的学习态度、热情以及学习的效果。

社会型教学模式

1. 社会型教学模式的理论基础

社会型教学模式是由马赛拉斯（D·Massialas）和考克斯（B·Cox）最先提出的，它是一种将调查模式引入课堂教学，通过学术讨论和逻辑推理来解决社会问题的教学模式。该教学模式的理论建立在两个假设之上：第一，学校是社会价值的体现，必须参与文化的创造性复兴；第二，民主社会主张多元文化和价值共存，必然会产生价值冲突、文化障碍等问题。基于这样的假设，马赛拉斯和考克斯提出学校应当积极地参与解决社会和文化冲突，教育公民理解、容纳多数人的价值，并与他人一起共同参与社会的创造性复兴。他们认为，并不是所有的学校都能运用调查模式，只有具备以下三个条件的学校和班级才有可能运用。这三个基本条件是：第一，重视调查方法。师生能够公开地讨论问题，相互之间能够容纳不同的意见。第二，强调假说的作用。讨论的目的明确，对假说展开论述，提出解决问题的方法。因此，教师和学生要准备好能充分说明假说的信息和材料，经过反复讨论，不断地修改观点，最后达成共识。第三，必须有充分的事实依据。无论是假设还是讨论，都需要事实依据，没有事实支持的假说，无疑是空中楼阁、水中之月。因此，重视事实的可靠性，是一个极为重要的条件。

2. 社会型教学模式的教学目标

社会型教学模式的教学目标是要提高学生解决社会问题和逻辑推理的能力，帮助学生学会处理人际关系的技巧，培养学生对多元价值和多元文化的尊重与包容的意识，促进民主观念的产生。主要适用于一些社会学科的教学，如历史、政治、法学、社会学等，它着重探究社会问题，主要借助丰富的资料探讨历史、当代社会发生的重大事件或社会发展的规律。通过这种社会探究的教学模式，培养学生民主、尊重他人、宽容的品格。

3. 社会型教学模式的操作程序

社会型教学模式可以分为六个阶段：

（1）情境的提出和明确。

问题情境是社会探究教学模式的开端。问题的来源是多元的，既可以是社会生活的实例，也可以是通过网络、报刊、教材、课外读物等途径提供的问题，还可以是在学校和班级管理过程中出现的典型事件。但这类问题对学生来说，应该具有一定的疑惑性，需要学生动脑筋去思考和澄清，也就是说，问题具有探讨的价值。因此，教师要善于激发学生的问题意识，引导学生概括问题的范围、内容、核心、要素等，有意识地将学生感兴趣的问题作为调查的课题和出发点。

（2）提出假说。

明确问题的构成要素，弄清问题解决的方法与问题的组成要素之间是否存在关联，确定提出的解决方法能否得到支持，问题已经解决到了什么程度，为什么目前还不能圆满解决，下一步该怎样做等。所有这些疑问都是调查和思考的出发点。

（3）明确假说。

在这个阶段，各种假说的前提、条件、内容、范围等进一步明确，班级成员也理解了问题的组成要素，并能够相互交流。

（4）探索。

依据假说的各种条件，运用各种逻辑推理的方法来论证假说是否成立。

（5）搜集证据。

前一个阶段，只是在逻辑上证明了假说的成立，但还没有事实依据，因此假说需要经过进一步的验证。这个阶段的主要任务是引导学生搜集大量的事实和证据，以便支持假说。

（6）概括。

主要是对问题发表见解，也就是对问题解决的表述和对假说的解释。假说并非绝对正确，因为即使假说在逻辑上是合理的，并且有充分的证据支持，也并不意味着就能完美地解决问题。因此，在一些调查结论中，也许会出现几个假说，在这样的情形下，这些假说都应得到支持。

4. 社会型教学模式的实现条件

（1）丰富的信息环境。

社会型教学模式的实现需要丰富的信息环境，比如丰富的图书资料、探究性的教科书、各种社会信息、专家的支持等，在今天网络信息也是必不可少的，只有这样才能保证探究的持续展开。

（2）教师的作用。

教师是调查活动和研究过程的组织者。教师提出调查课题，制订研究计划的框架，然后指导学生按计划有条不紊地实施计划。在每个阶段，教师充当研究的顾问，纠正学生的逻辑错误，帮助学生明确问题和研究方向。在研究过程中，教师应适时提出问题，正确引导学生的调查和研究进程。同时，教师也要善于维持讨论的气氛，努力创造一个让学生畅所欲言的环境，引导学生充分表达自己的观点。总之，在这里，教师的角色是学生研究行动的反应者、指导者。

（3）学生的要求。

学生担负着调查和研究的责任，应该积极主动地完成自己的任务，在可能的情况下，也可以独立完成整个研究活动。在调查和研究的过程中，学生要讲究合作精神，互相配合，共同解决面临的困难和问题，顺利地完成集体规定的任务。另外，在讨论中，学生应该主动发言，阐述自己的观点，同时也尊重其他同学的观点。

此外，基于人际关系的课堂教学模式还有实验室训练模式、社会模拟模式等。实验室训练模式是借鉴美国国家训练实验室的做法而创立的，它帮助人们理解社会行为，形成有效的社会技能，以应付社会的变化；社会模拟模式产生于"二战"时的军事训练中，主张用"互动游戏"作为学校中有效的训练方式。这些教学模式在此就不再一一介绍了。

非指导性教学模式

1. 非指导性教学模式的理论基础

"非指导性"教学是指非操纵性的、非传授性的教学法。这种教学活动强调以学生为中心，围绕学生"自我"的根本原则来设计教师与学生各自的行为和活动规则。在这个模式中，教师的身份只是一个顾问而已，他的任务是为学生解决学习和为情感问题提供咨询、建议和交流的空间，促进学生自我意识和个体学习能力的发展。总之，"非指导性"是该模式的显著特征。

非指导性教学模式的理论主要源于 C. 罗杰斯（Carl Rogers）的非指导性咨询。罗杰斯认为，人皆有强烈的冲动：求成长、求健康、求适宜环境等。人不是被动的，而是总想使自己充实起来。人的本来面貌，就是在同他人的关系中获得尊重和认可，并指向自我实现的过程。非指导性咨询理论建立在四个假说的基础之上：一是个人具有成长、健康和适应的冲动；二是强调情绪适应方面甚于智力方面；三是强调当前的直接情境甚于强调个人幼时的外伤性经验或过去的发育史；四是治疗关系本身就是成长的经验。在治疗过程中，顾问必须尊重咨询者，将他们看作是有自我意识的人，充分信任咨询者的自我判断、自我意识、自我选择、自我发展、自我确定问题及解决问题的能力。通过理解、信赖和共鸣，与咨询者建立良好的人际关系，进而促进个人自身的改造和个体的学习。罗杰斯相信，对人的基本信任和积极的关系能促进人的成长。因此，罗杰斯把非指导性咨询的原理应用到了教学当中。

当运用非指导性教学模式时，教师尝试从学生的角度观察世界，创造一种相互理解的交流氛围，让学生自由地表达感情，自觉地显示问题背后的各种情感。在相互交流的过程中，教师最大限度地接受和容纳学生的各种思想和情感，包括积极和消极的方面，然后通过反思性的评论，帮助学生提高自己的认知水平，澄清自己的思想。在这里，教师抛弃了传统决定者的角色，而选择了作为学生情感发展的促进者的角色。在非指导性的谈话中，师生之间是一种伙伴关系。这种非指导性的氛围有四个特征：一是教师对学生表现出来的热情要及时作出积极反应，对学生表现出真正的兴趣并且接受他们；二是对学生表现出来的情感，教师不要作出评判或训导，因为情感对个人非常重要，一些师生关系一般的学生会从心理上对所讨论的内容加以防范；三是学生可以自由地表达情感，但是不能随便控制教师或冲动行事；四是这种关系没有任何压力或强制性。教师应避免对学生表示偏见，或以批评的方式作出反应，教师应该把每项学习任务都看做是帮助学生成长的机会。

2. 非指导性教学模式的教学目标

非指导性教学模式的教学目标是增进个人的自我认知和自信心，促进学生个人品质的提高。它强调的是高效和长远的学习效果而不是短期的教学效果。按照罗杰斯的意图，这一模式的目标是培养"完整的人"。

3. 非指导性教学模式的操作程序

非指导性教学模式的操作程序可分为五个活动阶段。

第一阶段：确定帮助情境。主要是要告诉学生，他们可以自由地表达情感，对讨论的话题达成共识，对问题进行初步陈述，如果问题仍然存在的话，继续讨论，并明确讨论的有关程序。第一阶段一般发生在一个问题的初始阶段。这时，教师花一点时间进行组织或阐明是很有必要的，哪怕只是偶尔进行总结，对于重新明确问题并反映取得的进步也大有益处。

第二阶段：学生基于教师对于自己情感的接受和理解，会投入其中，积极地陈述和探究面临的问题。

第三阶段：学生逐步形成自己的见解。学生从个人经历的陈述和探究中感受到新的意义，看到新的因果联系，并且理解自己过去行为的意义。在大多数情况下，学生会在探究问题本身和形成对自己情感的新的认识之间发生变化。这两种活动对学生的进步都是必要的。不涉及情感而讨论问题，本身就意味着忽视学生的发展。

第四阶段：学生开始作出与问题有关的计划和决定。教师的任务是促使学生明确自己作出多种选择的可能性。

第五阶段：学生报告他们采取的行动，进一步发展洞察力，计划在更高整合水平上的积极行动。

在此需注意的是，这五个阶段的内容并非按照严格的顺序出现，它们可能在一个阶段同时出现，也有可能在不同的阶段产生。因此，需要教师灵活把握交流的场面。

非指导性教学在美国得到广泛运用，在我国也备受推崇，为了增加对该教学模式基本程序的理解，下面将介绍一个运用非指导性教学模式的个案。

经典案例

第一阶段：确定帮助情境。丹博先生确认学生玛丽在性格上有内向、胆小、自卑、不合群等特点后，开始有意识地寻找机会，探究原因。

26 岁的约翰·丹博是芝加哥郊区一所高中的英语教师。他特别关心他的一个学生玛丽·福特尼。玛丽是一个有意思的学生，她的文学功底特别好，能写优秀的短篇小说。然而，她不愿意把她的作品与同学分享，而且不愿意参加任何表演活动。

丹博先生意识到这个问题不能以强制手段来解决，但他想让她弄清自己不愿在公共场合展示自己天赋的原因，关于是否与别人分享自己的观点，将让她自己做出决定。

第二阶段：探究发现问题。经过短暂的交谈，丹博先生发现，玛丽不敢在班上公开宣读作品的原因主要是她容易害羞。

某一天下午她让丹博先生看她的一些文章并发表一下他的见解。

玛丽：丹博先生，您能帮我看一下这些文章吗？

丹博：当然。又一篇短篇小说？

玛丽：不，我正在写一些诗歌。我认为写得不够好，但我想听听您的观点。

开博：你是什么时候写的？

玛丽：几个星期前一个星期日的下午。

丹博：你还记得是什么东西激发了你写诗的愿望吗？

玛丽：我当时感觉到有点伤感，想到上个月我们读的《荒原》。这首诗好像是在用通常无法表达的方式来表述很多事情。我喜欢开头的两行：

"最残酷的四月，从死亡之地培育出紫丁香。"

丹博：这就是你写的？

玛丽：是的，这是我第一次尝试着去写一些像这样的东西。

丹博：（读了一会儿然后抬起头）玛丽，你写得确实很好。

玛丽：什么样的诗才是好诗呢，丹博先生？

丹博：有很多种方法去评价诗歌，有些方法是技巧性的，与人们所使用文字手段的方法有关；还有一些是主观性的，涉及表达的质量，语言词汇本身真正的美。

玛丽：当我写的时候感到很好，但当我读完这首诗时，感到自己有点愚蠢。

丹博：你指的是什么？

玛丽：我不知道，我想最主要的事情就是如果别人看了这些诗我会感到羞愧。

丹博：羞愧？

玛丽：我真不知道，我只知道如果这些诗被当着全班同学的面大声读出来我会感到羞愧之极。

第三、四阶段：发展洞察力、计划和探索。玛丽认为同学不理解她的作品，似乎对她的写作不感兴趣，但在她潜意识当中仍存在被认可的需要，并且前后的情感也有了变化，对她的作品有了新的认识，即她的同学有可能喜欢她的作品。而在此之前，她的想法是绝对的，认为大家不会理解她的作品。丹博先生敏锐地发现了这一点，并作出了帮助她解决问题的决定。

丹博：你真的认为同学们会嘲笑你写的诗吗？

玛丽：他们一定不会理解。

丹博：你的短篇小说呢？你对你的短篇小说感觉如何？

玛丽：您知道我不想让任何人看到我写的东西。

丹博：你真的想把这些诗放在一个没人看到的地方吗？

玛丽：是的，我是这样想的。确切地说，我不知道为什么，但是我知道咱们班里没人能理解这些作品。

丹博：你有没有想到也许有人会理解呢？

玛丽：我不知道，我认为也许别的地方的人会理解，但是这里的人是不会理解的。

丹博：你父母呢？

玛丽：他们喜欢我写的一切。

丹博：我们中三个人能理解，你认为别的人是否能理解呢？

玛丽：我想也许大人们会，但我不敢肯定其他的孩子也会理解。

丹博：在这些方面小孩和大人有差别吗？

玛丽：小孩似乎对这类东西不感兴趣。我认为他们贬低任何尝试写作的人。

丹博：你认为他们对我们在课堂上读的作品感觉也这样吗？

玛丽：有时他们这样。但我想大部分时间里他们都真的喜欢那些故事。

丹博：你为什么认为他们不喜欢你写的东西呢？

玛丽：我想我真的不知道，丹博先生。我想我真的害怕，但是我说不清是为什么。

丹博：有一些东西阻碍了你。

玛丽：在很多的情况下，我真想知道别人是否会欣赏我的作品，我只是不知道该怎样去做。

第五阶段：整合。玛丽提高了认识，改变了态度，愿意在不公开自己是作者的前提下在班上朗读自己的短篇小说。至此，丹博先生改变玛丽的计划开始实施了。

丹博：如果我在班里读一篇你的短篇小说而不告诉同学们是谁写的，你感觉如何？

玛丽：您能保证吗？

丹博：当然。然后我们就能讨论一下每个人的反应如何。你心里明白他们不知道是谁写的。

玛丽：是的，这个听起来挺有趣的。

丹博：根据发生的情况，我们可以研究一下下一步应该怎样做。

玛丽：我想您这样做是对的，我也不会有什么损失。

丹博：我希望我们永远都不要有什么损失。但是当我们告诉别人关于自己的事时，我们总是在冒险。

玛丽：您这是什么意思，是指给别人讲自己的事情吗？

丹博：我想我得走了——但是，让我挑一篇你的短篇小说，下个星期读一下，然后星期三那天我们再见面，看看会发生些什么。

玛丽：您能保证不告诉别人吗？

丹博：我保证，下个星期三放学后见。

玛丽：非常感谢，丹博先生。祝您周末愉快！

案例解析

正如前面所提到的那样。在非指导性的情境中，活动及事件是自发产生的且类型不确定，所以每个阶段内容的出现也是不确定的，因而上面案例的阶段划分也只是相对的。此外，在这个案例中，教师的谈话技巧值得借鉴，他一般会使用简短、直接、积极和友善的话语来引导学生的谈话。比如，你是什么时候写的？你指的是什么？你的短篇小说呢？你对你的短篇小说感觉如何等等。其实，在非指导性教学中，谈话最基本的技巧是在不替代的情况下引导学生。

4. 非指导性教学模式的实现条件

（1）教学环境。

要有一个安静、隐秘的空间，以便教师和学生进行一对一的交流，同时还要具备相关的材料。如果谈话与协商性的学习有关，就必须准备必要的自学材料。如果谈话是对行为问题的咨询，教师还需要有一定的谈话技巧。

（2）教师的作用。

教师主要承担激励者和反思者的角色，是师生互动过程的发起者和维持者，是创造自由宽松的谈话气氛的负责人。在谈话的过程中，教师鼓励学生自由地表达，真诚地倾听谈话内容，随时掌握学生表达的重要问题。教师不能随意打断学生的讲述，但可以适当地暗示学生谈话的方向。教师要注意必要的技巧，不宜对学生谈话的内容进行解释、评价或者提供建议（在有把握不会中断谈话并能促进谈话的情况下也可以使用这几种方式），而应该反思、澄清、接受并表示理解。教师所起作用的原则以非指导性反应为基础。教师要了解学生，尊重他们的个性，同情他们存在的问题，帮助学生认识自己的问题和情感，帮助他们设立目标并找到实现目标的策略。

（3）学生的要求。

学生真实地表达自己内心的问题、困惑、情感处境以及相应的策略。

5. 关于非指导性教学模式运用的说明

非指导性教学模式主张给学生充分的发展空间和足够的自尊心，强调学生的自我判断、自我发展，最大限度地开发学生的潜能，是一种以学生为中心的教学模式。罗杰斯说过："教师应把学生的情感和存在的问题放在教学过程的中心地位，自己的发言要有所节制。"与传统教学模式相比，它提出了一般教学模式中所忽视的情感和价值观的作用以及建立新型的师生关系的意义。这样的观点无疑是令人振奋的。但它过于强调以学习者为中心，认为教师只能以顾问、参与者的身份出现，这样必然会削弱教师在教学中的主导作用。同时，教师如果过分地信赖学生的自我发展能力并留给学生过多的空间，能否促进学生的发展也是很难说的，因为学生的自控能力、对事物的判断能力能否保证他们向好的方面发展很难控制。假如一个学生顽固地坚持某一错误的观点并一意孤行，那么非指导性教学就很危险了。

非指导性教学模式主要适用于个人、社会和学业等几类问题情境。在这几类问题情境中，不管是哪种情境，面谈的内容永远是个人的而不是外部的，必须集中于每个人自己的情感、经历、见解和解决问题的方法。在谈话中，教师必须尊重学生，相信学生有能力处理自己的问题，并通过态度体现出来，这样才能保证谈话的顺利进行。由于非指导性教学模式的复杂性，师生只有建立起相互平等合作的关系，才能培养出具有合作意识和尊重他人的学生。

课堂会议型教学模式

1. 课堂会议型教学模式的理论基础

课堂会议型教学模式是利用课堂会议的策略，发挥课堂会议的作用，由师生共同寻找解决共同关心的社会问题的一种教学模式。最初，格拉斯尔（William Classer）把群体咨询技术作为建立课堂群体的基础，他主张利用团体咨询的技术来增进班级内学生之间的沟通，以进行心理卫生的教学，并逐渐发展成为一种课堂会议教学模式。

课堂会议型教学模式是建立在这样的理论假设的基础之上的，即学校教育的成功与否往往不在于学生掌握知识的多少和学业成绩的优劣，而在于人际关系的培养效果。也就是说，这种教学模式认为，学生参与课堂会议，是为了共同努力，找到解决问题的办法，而不是相互埋怨或者批评。由于许多社会问题的解决办法不是唯一的，因此，该模式自身更加关注课堂讨论的过程，认为这种讨论有助于增强学生的自信心，并使学生充分认识到自身的价值，从而敢于并愿意与同学交往，积极发表个人意见，关心他人、关心社会。

2. 课堂会议型教学模式的教学目标

课堂会议型教学模式的教学目标主要在于帮助学生理解社会，培养社会责任感和正确的行为，满足学生认知和情感的需要。运用课堂会议型教学模式组织教学的首要目标是培育班集体温暖、建设性的关系，使课堂充满爱。这种爱是通过学生之间相互帮助、相互关心、共同承担社会责任、共同认识社会和解决社会问题的方式表现出来的。

3. 课堂会议型教学模式的操作程序

课堂会议型教学模式一般包括五个阶段。

（1）第一阶段：形成会议气氛。

这种气氛应该是温暖的、民主的、和谐的。在这种气氛中，学生积极地发表看法，提出问题。教师鼓励每个学生积极参与，替自己辩护，即使学生说错了，教师也不会加以责备。

（2）第二阶段：揭示有待讨论的问题。

在这一阶段，教师允许学生之间进行争论，但必须是民主的、合作的争论。如果学生之间出现互相责备和批评的场面，教师必须进行干预。教师应该经常提醒学生，他们的任务是描述和讨论问题，并达成一致意见。

（3）第三阶段：作出个人的价值判断。

学生在自由发言时，可能会联系到他们对社会准则、生活准则、人类发展等方面的认识，阐述他们对社会现象中的好坏、优劣的看法。

（4）第四阶段：确定可供选择的行动步骤。

如何解决这些问题呢？哪些办法不可取呢？经讨论后，学生进一步发表看法，最后确定可供选择的办法。

（5）第五阶段：深化会议主题，考查学生的学习效果，强化学生认识。

4. 课堂会议型教学模式的实现条件

课堂会议型教学模式的实现条件主要包括教师对课堂讨论的组织，以及对良好的会议氛围的营造；学生积极主动参与讨论现实社会问题，排斥不负责任的行为，学会更好的社会行为方式。同时，学生要在教师的帮助下，乐于与其他同学交流思想，探讨问题，并最终形成良好的人际关系。在课堂上，学生讨论或解决的只是一个社会问题、一个案例。在运用课堂会议型教学模式的过程中，借助自身对案例的剖析，学生得以运用知识、培养能力，受到思想、情感、品德等方面的影响。因此，课堂会议型教学模式的实施，应以问题或案例为组织教学的核心。

基于人格发展的课堂教学模式以非指导性教学模式、课堂会议型教学模式为主。除此之外，还有创造历程模式、意识训练模式等。创造历程模式，即"创造工学"教学模式，自 1944 年开始实验，是 W. 戈登（William Gordon）和他的协作者设计的关于如何开发大脑的创造思维的原则和方法。戈登早期在研究这种教学模式时，主要以从事产业生产的人们为研究对象，随着研究的深入，他逐渐把研究范围扩大到学生。1970 年，他发表了《隐喻方法的学习与认识》，把创造工学的思想引入学校教育，此后，这种教学模式才成为学生学习的一种模式。而意识训练模式是由舒茨（William Schutz）和布朗（George Brown）通过把人本主义心理学引入课堂，以心理治疗和格式塔治疗技术为基础，以提高人的意识为指向而创立的教学模式。由于这两种模式并非主流的基于人格发展的课堂教学模式，因而在此不做详细介绍。

掌握学习模式

掌握学习模式是课堂教学中最常用的基于行为控制的教学模式。掌握学习模式首先由美国北卡莱罗纳大学的约翰·B. 卡罗尔（John B·Carroll）提出，后来由美国著名教育学家和心理学家本杰明·布卢姆加以完善和发展的，从二十世纪六十年代末开始运用于美国的中小学，七十年代后开始在国际上流行。

掌握学习模式，即确保所有接受课堂教学的学生都能达到一定的学习水平，是"为掌握而学习的教学方法"。这一模式提倡教学要面向全体学生，明确具体的教学目标，改进教学内容和教学方法，注重教学过程中的反馈和矫正，为学生提供足够的学习时间和适当的帮助，充分发挥学生的学习潜力和学习积极性，使得 95% 以上的学生都能掌握学校所教学科的知识和技能，取得优良的学习成绩。

1. 掌握学习模式的理论基础

掌握学习模式的核心观点建立在约翰·B·卡罗尔关于能力倾向性的概念之上，即以对学生能力的理解为基础，依据卡罗尔对能力倾向性的理解，他把能力倾向性看做是学习者达到掌握学习任务所需要的时间量，而不是掌握这些学习任务的能力上。卡罗尔认为，能力倾向性低的学生，在某种特殊的学习中，达到要求掌握的程度，只是需要比能力倾向性高的学生花费更多的时间而已。也就是说，学生的学习是否成功，关键看其是否得到了必要的学习时间，是否接受了理想的教学模式。学生的学习成绩是由完成该学习任务所需的学习时间和学生实际所花费的时间决定的，也是由学生的学习毅力、教师授课质量、学生理解讲授内容的能力及能力倾向性共同作用的结果。

该模式认为，学生学习成绩的好坏，只是表明学生在完成学习任务时所需要的时间有所不同。产生学习差异的主要因素不是遗传或智力，而是家庭与学校的环境条件。如果给予学生足够的时间或学习机会，并有适当的材料和讲解，几乎所有的学生都能够达到既定的教学目标。因此，教学中如果不考虑学生学习时间的差异，给所有的学生分派同样多的时间，那就意味着剥夺了那些需要较长时间的学生的学习机会。如果教师掌握了学生在能力倾向性方面的差异，按学生的实际需要分配教学时间，给予每一个学生足够的学习机会，那么所有的学生都能按适合自己的进度完成全部教学内容。教育的根本任务是找到既考虑个别差异又能促进个体充分发展的策略。

此外，布卢姆所创立的"教育目标分类学"和教学评价理论也可以作为掌握学习教学模式的理论基础。为了帮助教师确定教学内容并进行教学评价，他把教育目标分为知识、领会（或理解）、运用、分析、综合、评价六类，正是这六类教育目标的实现，使学生的知识和能力都得到发展。布卢姆的教学评价理论把教学评价置于教学过程之中，测定达成教学目标的情况，以便于教师对照教学目标及时作出价值判断，从而有效地进行教学指导和反馈，并根据评价的结果进行纠正性的个别辅导。

2. 掌握学习模式的教学目标

掌握学习模式旨在改善教师教学质量，发挥学生的学习潜力和学习积极性，使大多数学生掌握教材所规定的知识技能，帮助学生提高学习成绩。具体而言，掌握学习模式使每个学生都能在学习序列中根据自己的进度进行每个单元的学习，通过掌握学习模式的程序训练来培养学生解决问题的能力，鼓励学生对学习进行自我评价，发展学生自觉和主动学习的意识，从而激发学生的学习动力。掌握学习模式是一种力图达到群体教学个别化的教学模式，其设想是在不影响现行班级授课制的前提下，使绝大多数学生取得优良的学习成绩。

3. 掌握学习模式的操作程序

在课堂教学中，掌握学习模式的操作程序大致按照以下三个阶段来进行。

（1）第一阶段：教学前的准备阶段。

布卢姆认为，教学质量首先表现为教师对教学目标的表述是否清晰，每一个学生是否都清楚自己将要学习什么。教师要对单元教学目标做充分的准备，具体内容包括：指定某一课程或学科所要达到的成果或目标，准备好终结性的测验；把整个课程划分成一系列较小的学习单元，并根据确定的或假定的相互关系设计出每一个单元的目标；确定构成每一个单元的掌握水平的标准，制定用来测试各个学生掌握各单元目标情况的形成性测验。此外，教师还要制定出具体的教学计划，内容包括与各单元目标相关的教学活动与教材，以及提供给未达到单元目标的学生使用的选择性的补充教学活动和教材。

（2）第二阶段：教学的实施阶段。

教学实施阶段，是由依据单元教学目标的群体教学、诊断性测验、小组或个别矫正教学这样一些环节所构成的不断循环的教学活动。

教师在充分了解学生进行学习所必备的认知条件的前提下，根据学生的基本情况确定教学内容和要求，按照教师所拟订的教学计划进行群体性教学。一个单元的教学结束之后，教师要对全体学生进行诊断性（形成性）测验，目的是为了获得进行初次形成性评价的依据，以确定学生是否掌握了所教内容。初次进行形成性评价以后，教师可以将学生分成两类：凡对所学知识的掌握程度在80%以上者为达标组；掌握程度在80%以下者为未达标组。对已经达标的学生可安排补充性练习；对未达到掌握水平的学生则进行个别化的矫正教学。矫正学习是为了给予那些在群体学习中速度比较慢的学生以额外的学习时间。矫正的手段包括对学生进行个别辅导、小组合作学习、教师有针对性地解释有关内容，即"对没有命中的目标再射一箭"。通常一个单元给予一课时的个别化矫正教学。当绝大多数学生都达到掌握水平后，再一起转入下一单元的教学。

（3）第三阶段：教学评价阶段。

在学生学习完全部教材之后，教师对全班学生进行终结性测验，对学生的学习成绩进行等级评定，看他们是否达到了预定的成绩标准。

掌握学习模式在运用过程中最关键的环节是对学生学习的反馈（形成性评价）和矫正过程，即在适当的时间对全班学生进行以诊断为目的的测验，再根据测验的结果，对每个学生进行有针对性的辅导。这种教学模式的中心任务不是控制学生而是控制学习，关键是让学生明确学习目标。布卢姆要求把教学与评价结合起来，形成新型的反馈教学，及时查漏补缺，使大多数学生掌握每一项学习任务，为后面的学习提供适当的认知结构。

4. 掌握学习模式的教学策略

根据卡罗尔和布卢姆的理论，在掌握学习模式的教学中需要采取这样一些措施：

①把对一门课程内容的掌握划分成一系列具体的教学目标，并对这些教学目标加以分类；

②根据各类不同的教学目标，把教学内容分成若干单元，每一单元完成一组相关的目标；

③按照教学内容选用相应的教材，并按教材的性质和学生的特点选

择适当的教学方法；

④在进行单元教学之前，先对学生进行一次诊断性测验，以便弄清每个学生现有的水平和存在的问题；

⑤根据每个学生的实际情况采取相应措施，帮助他们按照适合他们自己的进度来学习，从而使教学适应学生的心理特点和个别差异，真正做到因材施教。

此外，学生自身应在学习新知识之前有一定的基础知识储备，即具备认知的前提能力，还要保持学习的兴趣和自信心，即情感特征。教师应对学生保持坚定的信心，相信绝大多数学生都能取得好的成绩。教师在确定所要教授的学科的内容时，也要确定教学的目标和评价的标准，为学生的掌握学习制订详细计划、具体单元目标和形成性测验题目。因此，制定清晰而切合学生学习程度的教学目标，是掌握学习的前提，也是后续评价的依据。

5. 关于掌握学习模式运用的说明

掌握学习教学模式的适用性表现在：首先，适用于基础知识、基本概念以及基本原理的教学方面；其次，适用于具有明显可测验性的课程，而非一些陶冶情操、提高艺术修养以及需要学生具有较强思维能力和创造能力的课程；最后，掌握学习模式适用于长期的课程而不是一些短期课程或微型课程。

掌握学习教学模式由于有明确的教学目标和评价手段，能获得信息反馈，因而可以有效地控制教学，大面积地提高教学质量，增加教师的教学信心和学生的学习兴趣。同时，可以针对学生的个别差异采取灵活多样的教学方法以提高学习成绩。美国从二十世纪六十年代起先抽取二三十个学生作为小样本开展掌握学习模式的试验，其后扩大到五百万学生的大样本试验，并且通过实验证明，掌握学习模式能使 75% ~ 90% 的学生达到其他教学条件下 25% 的尖子学生的水平，尤其能克服环境对学习进步带来的不利影响，从而较大范围提高学生的学习成绩。正如布卢姆所言："掌握学习教学能提供学生对于学校学习的热情，并能发展其终身的学习兴趣。"

但是，掌握学习教学模式中，学生的学习进度大致是一致的，因而要把相当多的时间用在部分学生的矫正教学中，而且这种模式比一般教学需要更多的工作和学习时间，忽视了学生个人在学习速度上的差异，不利于优等生的发展，而且难以很好地解决深化学生学习和扩展性学习这些问题。

程序教学模式

程序教学理论的代表人物是美国新行为主义心理学家斯金纳，他在操作性条件反射学习理论的基础上建立了程序教学模式。斯金纳指出，"程序"代替了教师，通过一套事先设计好的、有一定顺序的特定行为，使学生按照教师期望的方式去行动。程序教学模式是一种依靠教学机器和程序性教材，呈现学习程序（包括问题的显示）、学生的反应，并将学生反应的正误情况及时反馈给学生，帮助学生进行个别学习的教学模式。这种程序教学主张将教学内容分成许多小步子，并系统地排列起来，学生要对小步子所提出的问题作出反应，经确认后才能进入下一步的学习。

1. 程序教学模式的理论基础

程序教学模式的理论依据是斯金纳的操作性条件反射理论与强化原理。

斯金纳通过实验发现，动物的行为可以运用逐步强化的方法，形成操作性条件反射。他把这种操作性条件反射的理论引入人的学习行为，运用于学生的学习过程中，认为学习过程是作用于学习者的刺激和学习者对它作出反应之间的联结的形成过程。为了促进操作性行为的有效发生，必须有计划、有步骤地给学生以一定的条件刺激，这是一种强化的刺激作用。强化包括正向强化和负向强化两种类型：正向强化可以理解为引起我们所希望的行为产生的刺激物，负向强化则是引起我们所不希望的行为产生的刺激物。不管是正向强化物还是负向强化物，都能促进机体行为反应概率的增加。斯金纳根据操作性条件反射的实验，认为任何复杂的行为都可以用一种逐步接近、累计的方法由简单行为联系而成，学习就是通过刺激—反应—强化而形成的行为。

此外，斯金纳的程序教学理论也是建立在批判传统教学的基础之上的。斯金纳指出，传统教学理论在教育实践方面有四个明显的缺点：

①学生的学习行为是受厌恶（逃避）刺激所支配的。学生的学习行为是为了避免或逃避惩罚，他们并没有在学习过程中得到积极肯定的鼓励而强化正确的学习行为。

②在行为和强化之间的时间间隔太久。斯金纳认为，在反应和强化之间即使间隔几秒钟，都会破坏学习的效果。

③传统教学缺乏一个连续强化的方案。斯金纳认为，学习是一个长期的过程，一项知识内容的学习，实际就是人类有机体最有效地获得精确的、有计划的行为，因此，连续的强化对于教学实践非常有必要。

④强化太少。斯金纳认为，在小学四年级以前，使学生形成有效的、正确的行为，必须有大约 25000～50000 次强化，但从目前的情况看，大多数教师在小学前四年中能提供给学生的强化机会只有 3000 次左右。

程序教学通过有序地选择教学信息，把教学活动按一定程序有步骤地进行强化，从而达到有效地控制学习过程，提高教学效率的目的。教师把教材按一定的逻辑程序，分成许多易于掌握、相互联系的小问题，学生每回答一个问题后，立即可以得到标准答案，这样就起到了一定的强化作用，然后再学习下一个问题，如此循序渐进、由简到繁地学习下去，最后就会达到学习目标。程序教学模式的关键就在于要精密设计操作的过程，建立特定的强化，使学习者通过学习能够得到外部或内在的满足。

2. 程序教学模式的教学目标

这一模式在于教给学生某种具体的技能、观念或其他内、外部的行为方式，比如，掌握某些智力技能与行为技能等。根据行为主义原理，程序教学模式的教学目的就是提供特定的刺激，以便引起学生特定的反应，教学直接涉及要教什么，不教什么，侧重的是学生的行为，并要以一种可以观察到的、可以测量的形式来具体说明课程内容和教学过程。

3. 程序教学模式的操作程序

斯金纳认为，学生的行为是受行为结果影响的，如果要学生作出合乎需要的行为反应，必须形成某种相倚关系，即在行为后有一种强化性的后果，倘若一种行为得不到强化，它就会丢失。根据这一原理，斯金纳提出了一种相倚组织的教学过程，这种教学对学习环境的设置、课程材料的设计和学生行为的管理作出了系统的安排。所谓相倚组织，就是对强化刺激的系统控制。这种教学过程包括以下五个阶段：

①具体说明最终行为表现。确定并明确目标行为，具体说明想要得到的行为结果，制定测量和记录行为的计划。

②评估行为。观察并记录行为的频率，如有必要，记录行为的性质

和当时的情景。

③安排相倚关系。作出有关环境安排的决定，选择强化物和强化安排方式，确定最后的塑造行为计划。

④实施方案。创设环境并告知学生具体要求，维持强化和塑造行为的强化安排方式。

⑤评价方案。测量想要得到的行为反应，重视原来的条件，测量行为，然后再回到相倚安排中去。

具体而言，程序教学模式在运用中，有以下三种通用的操作程序：

（1）直线式程序。

直线式程序由斯金纳首创，是把教材由浅入深地直线排列，把学习内容划分成许多连续的小步子，然后依次呈现给学生。在学习过程中，每呈现一次都要求学生采用填充或书写答案的方式及时作出回答。教学机器（即机器呈现的程序化教材）通过呈现正确答案，引导学生进入到下一步的学习。学生按规定的顺序学习，不可随意跳跃。其具体的流程如图所示：

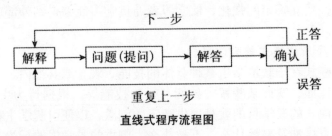

直线式程序流程图

在这一流程中，每一步的内容很少，并按由浅入深、由简到繁的系列安排。比如，以"电流"的教学内容为例，其程序教学材料可以设计成如下问题：

①电灯泡发亮的原因是灯丝_____（发热）；

②电灯灯丝发热的原因是灯丝通过_____（电流）；

③电灯变亮的原因是电流强度_____（增大）；

④电灯变暗的原因是电流强度_____（减小）；

⑤当电压增大时，电流强度就_____（增大）；

括号里面是正确答案，学生做出正确答案，教学机器就能显示出来，并提示进行下一步学习，如此按步展开，直至达成学习目标。直线式程序采用小步子原则，有利于减少学生的错误，使大多数学生获得成功，建立起学习的自信心，它适用于指导学生掌握基础知识点。

（2）衍支式程序。

由于不同学生的知识基础和学习能力不同，学习材料本身也有难易程度的区分。因此，衍支式程序（也叫分支式程序）便是在直线式程序基础上产生的一种变体，是由美国人 A. 克劳德提出来的一种可变程序模式。衍支式程序采用多重选择反应进行，以适应个别学生的需要。它同样把学习材料分成小的逻辑单元，但每一步比直线式程序步子要大，每个项目的内容也相对增多。当学生学完教材的一个单元后，立即测验，测验题目有多种选择答案，选对了就引进新的内容继续学习下去，选错了则引向一个适宜的单元或回到先前的单元继续学习，即根据测验结果决定下一步的学习。其具体流程如图所示：

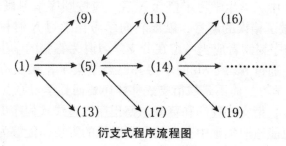

衍支式程序流程图

以上流程图即为：一个学生学习了单元（1），其通过测试，便可进入（5）的学习。如果学生没有通过测试，表明其还未掌握所学的内容，便不再重复（1）的学习过程，而是通过（9）或（13）进行学习，直到掌握单元（1），然后再继续下一步的学习。衍支式程序通过学生测试结果的不同，走向不同的支线。对测试题目选择完全正确的学生其学习路径是直线程序式的（1）-（5）-（14）……一直沿主支前进，学习进度快；选错答案的学生则走向分支，待复习了基本知识后，再重新回到主支继续学习，相对而言其学习速度就慢很多。但衍支式程序有助于消除学生由于学习能力的不同所造成的学习差异。

（3）莫菲尔德程序。

这种程序是由美国心理学家凯（H. Kay）在莫菲尔德大学任教时建立的，是一种直线式与衍支式相结合的程序。这一模式遵循的始终是一个主序列，它与直线式不同的是，只有一个支序列来补充主序列；它与衍支式不同的是，学生通过支序列的学习不再回到原点，而是可以前进到主序列的下一个问题上，这样有助于学习效率的提高。本程序的教学模式如图所示。

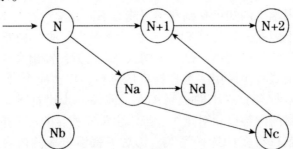

莫非尔德程序流程图

在本程序中，学生学习了概念 N 后，应按顺序学习概念 N+1，但如果在 N 中做了错误的解答，就要转向学习比学习 N 时材料更丰富的 Na 或 Nb。程序编制者应当考虑在分支学习时为答错的学生提供更多的材料。当学生通过 Na 或 Nb 的学习并已经学会了正确反应之后，便可进入 N+1 的学习。而不是像衍支式那样还要回到学习原点。

比较而言，衍支式程序和莫非尔德程序比直线式程序更优越，因为这两个程序更能适应学生中存在的个别差异的需要，能够为不同学生提供不同的学习程序。教师要实施程序教学，必须借助于程序式的教材或教学机器，用机器来代替教师在课堂教学中的大量机械行为，这样教师才有可能集中精力设计小步子，提出适应不同学生的差异性学习要求，并做到及时反馈。

4. 程序教学模式的教学策略

程序教学把学习内容分成一个个小问题，并系统排列起来，通过编好程序的教材或特制的教学机器，逐步地提出问题（刺激），学生选择答案，回答问题（反应），回答问题后立即就知道学习结果，确认自己回答的正确或错误。如果解答正确，得到鼓舞（强化）就进入下一程序学习。如果不正确，就采取补充程序，再学习同一内容，直到掌握为止。程序教学模式的设计，要遵循如下几条原则：

①积极反应原则。程序教学过程，必须使学生始终处于一种积极学习的状态。即在教学中使学生产生外显反应，然后给予强化或奖励，以巩固这个反应，并促使学习者作进一步反应。

②小步子原则。教材被分解成很多小步子，前一步的学习为后一步

的学习作铺垫，后一步学习在前一步学习后进行。两个步子之间的难度相差很小，学习者的学习很容易得到成功，并建立起自信。

③即时强化原则。即学生作出的反应，要得到及时的肯定或否定，以树立学习信心、增强学习效果。

④自定步调原则。学习的速度可以根据学生自身的实际情况来决定。程序教学以学生为中心，鼓励每个学生以自己最适宜的速度进行学习，从而使每个学生有自己的思考机会，学习容易成功。

⑤低错误率原则。程序教学的设计要按照教材内部的逻辑程序，既要保证学习者在学习中把错误率减少到最低限度，又要合理地设计教材，使每一个问题（每一小步）都能体现教材的逻辑价值。

5. 关于程序教学模式运用的说明

程序教学已被成功地应用于各科、各级教学中。近年来，程序教学模式在计算机辅助教学中得到广泛运用，并且在国内外曾风靡一时。由于计算机庞大的储存容量，可以利用分支或补充教材，组成许多变式的程序。学生利用计算机进行程序性学习，不仅在回答计算机提出的问题时能立即知道对与错，而且还可以把这些结果储存起来，加以分析综合。当学生学完一个单元的教材后，计算机可判断其是否应该继续前进，或返回原来的程序，或给予补充的学习程序。

就目前的研究和实验来看，程序教学模式的优点有：第一，按学科逻辑系统以小步子编排程序教材，使学习内容化难为易，并考虑学生的认知特点，适应个别差异，按照由浅入深、由易到难的顺序依次前进。第二，及时强化和反馈，有利于调动学生学习的主动性和积极性，巩固学习成绩。第三，程序教学模式在学生的学习过程中能培养学生自学、独立钻研的能力和习惯，并能减少学生的错误，使学习更有效。

它的缺陷在于，只管学生学习的结果，不能判断学生理解的深浅程度和是否进行创造性思维；不适用于技能训练和艺术学科；缺少师生间的人际沟通和学生之间的相互讨论，削弱了师生、学生之间的相互影响；按部就班的学习，往往缺乏灵活性，甚至扼杀了学生的独创性。因此，并不是任何教学内容都适宜采用程序教学模式。一般来说，对于形成技能、技巧的教学内容来说，运用程序教学模式的效果较好。

直接指导的学习环境营造

它最显著的特点是：以学习为中心；教师进行高度的指导和严格的控制；对学生进步有很高的期望；有时间管理系统和相对温和的氛围。

以学习为中心指一个人要把完成所布置的学习任务置于一切活动之上。在教学过程中强调学习活动，跟学习无关的材料，如：玩具、游戏以及谜语等不受重视和鼓励。非学习取向的师生互动也一样不受重视，如关于自己或讨论个人问题。几项研究表明，高度地以学习为中心引起学生更大程度的参与，并相应取得更大的收获。

当教师选择并指定学习任务时，当他在教学过程中承担中心角色并尽量减少学生与学习无关的讨论时，教师的指导和控制作用就表现出来了。对学生有很高的期望，关心学生学习进步的教师要求学生学习优秀，鼓励有助于学习进步的行为。他们对学生学习的数量与质量有更高的期望。

直接指导的一个重要目标是实现学生学习时间的最大化。事实上，许多被认为和学生成绩有关的教师行为与学生花在学习任务上的时间和学生学业成功的比例相关联。因此，这些融入直接指导的行为被设计用来创造一个有组织、有学习取向的学习环境。在这个环境中，学生积极参与教学活动（任务），并且在完成指定任务方面成功的比例相当高（掌握80%或更好）。学生花在这些环境中的时间被称为学习时间（ALT，即 Academic Learning Time），应使其达到最大化。

最后，有确凿证据表明学生的消极情感会阻碍学习的进步。教师应该形式一个以学习为中心的风气，并且避免采取一些消极措施，如批评学生等。关于积极情感对学生成绩的影响作用的研究现在还不太清楚：有些学生接受大量表扬可能比其他学生获得更多的好处；有些表扬的类型可能比其他类型更为有效。

总的说来，直接指导的环境就是一个以学习为中心的环境，一个使学生把大量时间用来完成学习任务并且成功率很高的环境。这种环境中的氛围是积极的，不存在消极情感。

直接指导型教学模式

在直接指导型教学模式中，教师通过调整教学进度并利用强化来激发和保持学生的学习动机，从而有效地提高学生的学习成绩和学习的自信心。教师为学生讲解新概念或新技能，学生在教师指导下进行控制练习，并通过练习来测试自身对知识的掌握和理解程度，通过鼓励性的反馈使学生继续进行指导性练习，这就是直接指导型教学模式。行为主义者有时也称该模式为"强化指导行为模式"。

1. 直接指导型教学模式的理论基础

直接指导型教学模式是根据社会学习理论和对有效教学与无效教学之间差异的研究而构建的。社会学习理论中，学生的表现被概念化为具体的学习目标和任务，这些目标被分解成更小的组合性任务，进而发展成为适宜学生学习水平并能确保其掌握的具体的练习活动。教师通过对学生整个学习情境进行有次序的安排，以确保学生能顺利地从一种学习活动迁移到另一种学习活动，并获得进行下一步学习的坚实的准备知识。同时，教师在这一过程中与学生进行必要的互动，对学生学习效果的及时反馈和强化，都有助于达成学习目标。研究还发现，有效教学的教师在讲解材料、组织和指导学生的练习活动方面对学生的帮助和指导作用更大，尤其是对于学生的练习活动，教师更应懂得运用有效的反馈性指导技巧，教师在直接指导下的练习能有效地提高学生学习的效率，加入学生对学习的投入程度。因此，直接指导型教学模式也是建立在对高效率教学的教师研究基础上的。

2. 直接指导型教学模式的教学目标

直接指导型教学模式的教学目标是为了实现学生学习时间的最大化，帮助学生掌握学习内容和学习技能，激发学生的学习动机，从而保护学生的自尊心和建立学习的自信心。

3. 直接指导型教学模式的操作程序

直接指导型教学模式的操作程序主要分为三个阶段。

（1）第一阶段：导向，建立该学习任务的框架。

教师在为学生呈现和讲解新材料之前，要确立一个课程框架并把学生引向新材料，这一课程框架就是教师在新课程开始前进行的有组织的导向性评论，以帮助学生理解所学课程的目的、程序和阶段，提高学生学习活动期间参与的积极性。这种导向性的评论可采取多种形式，包括：复习以唤起学生对已有知识结构的联系；讨论本节课的学习目标；教师对教学活动进行简单的指示；告知学生学习将要用的课程材料和课堂活动；介绍本节课的大致结构和安排等。

这一阶段有三个特别重要的步骤：①教师提出课程目标和操作水平；②教师陈述课程内容以及联系已有知识和经验；③教师讨论课程的进度和学生在这些活动中的职责。

（2）第二阶段：讲解，教师对新的概念或技能进行演示性讲解或举例。

讲解是在教师建立了学习环境之后，随着新概念和技能的展开对学生进行的最初的指导活动。在这一阶段，教师讲解的质量和完整程度对学生学习新材料的效果至关重要。为此，可以采取：①用小步骤来呈现材料以便学生一次就能掌握；②提供与学习内容相关的范例；③教师示范或口述学习任务；④紧扣主题；⑤对难点进行反复讲解。对于概念性的学习任务，教师应当对概念的特征、定义、规则等进行讲解并举例说明；对于技能性材料则通过范例来明确技能的步骤。此外，在口头讲解的同时教师提供的概念或技能的视觉材料可以帮助学生理解学习内容，并起到对不同阶段学习过程的暗示或提示。

在进行下一阶段的指导活动之前，教师还要检查学生是否已经理解了新学的知识，以便顺利地进入到练习阶段。这种检查的方式以讨论为主，讨论围绕教师所提出的用于检查学生理解程度的问题进行，这些问题应该是与直接指导型教学模式下的学习活动密切相关的，并且对这些问题的回答是学生力所能及的。

（3）第三阶段：练习。

教师帮助学生进行不同水平的辅助性练习，这一阶段的活动主要分三个步骤进行：组织练习、指导练习和独立练习。

①有组织的练习。教师引导学生通过一个个的练习实例，并利用视觉材料引导学生一步一步地学习。学生以小组为单位来练习并写出答案。教师在这一过程中，可利用投影仪等设备来做练习，以便学生一看就对每一步骤清楚明了。此外，教师要对学生的回答作出及时有效的反馈，强化正确反应，纠正错误。如果学生的错误回答是由于对材料缺乏

理解，那么教师应提供暗示或线索，如回顾以前的视觉材料。反馈可以帮助学生弄清他们对新材料的理解程度，因此，反馈应该具有学习的指向性。

②指导练习。教师为学生提供练习的机会，但教师仍起着直接指导的作用。教师通过学生出现错误的数量和类型来评估学生完成学习任务的能力。因此，这一步骤，教师的主要任务是监控学生的学习，必要时提供纠正性反馈。

③独立练习。当学生在指导练习中达到85%～90%的正确率时，便开始进入这一自由的开放练习步骤。这一步骤的目的是通过进一步强化巩固知识以达到熟练的程度。独立练习既可在课堂内进行也可在课堂外进行。教师的任务是要保证学生完成练习之后马上对其进行检查，对学生回答的正确率保持稳定进行评估，并为那些需要纠正的学生提供指导。每次独立练习的时间可以很短，练习的项目也不宜过多，但应遵循记忆的规律，增加独立练习的次数。

在第三阶段，当第一次给学生介绍一项新技能或概念时，教师要一步步引导学生解决问题。在紧密衔接或有组织的练习之后，学生在各自的位置上自己做练习，教师则发挥指导作用，并对学生出现的所有错误提供及时的纠正性反馈，对正确练习予以强化。最后，教师可通过布置家庭作业的方式让学生进行独立练习。

4. 直接指导型教学模式的教学策略

直接指导型教学模式强调以学生的学习为中心，教师对其进行高度的指导和严格的练习控制，对学生的进步抱有很高的期望，因此，营造良好的直接指导的学习环境是这种模式得以顺利展开的条件。以学习为中心就是要求学生把学习活动置于一切活动之上，在课堂上与学习无关的材料或师生互动都应当尽量避免，从而引起学生更大程度参与课堂教学的积极性。消极的情感会阻碍学习的进步，学生所参与的课堂教学环境氛围应该是积极的，教师在直接指导教学的过程中应更多的运用鼓励性的指导策略。直接指导教学的环境应该是一个以学习为中心的环境，一个使学生把大量时间用来完成学习任务并能达到较高学习效果的环境。

直接指导型教学模式的核心是它的练习活动，因此，这种模式强调六项有效练习的原则：①形成原则，即在教师的指导下学生练习的目的是掌握一种技巧的能力。②练习阶段时间长短的指导性原则，即高强度、高动机、短时间的练习比低强度、低动机、长时间的练习效果更好。③由于错误的练习会干扰学习，因此，需要对练习的初始阶段进行监控，即一开始就应该重视纠正性反馈对直接指导型教学模式的影响的原则。④对练习准确度的关注原则。⑤坚持分散练习的原则，即在一段时间内进行多项练习。⑥最佳的练习间隔时间应按从短到长的原则。

教师在这一模式中要给学生提供有关练习结果的知识，帮助学生调整学习进度并及时强化记忆。而教师对学习任务的编排也要更适合学生的学习特点和差异。

5. 关于直接指导型教学模式运用的说明

直接指导型教学模式运用于核心课程体系中对于基本知识和技能的教学，尤其有助于学习成绩不好的学生取得进步。因为教师可以在回答问题和练习的过程中，给予成绩差的学生以适当的多一些的表扬作为鼓励。当然，教师对学生的任何回答都要及时作出反馈，不能对学生的回答置之不理或直接给回答错误的学生一个正确答案。在运用直接指导型教学模式时，教师要特别注意学生在回答问题的活动中，对学生的错误进行纠正性反馈以及为他们提供更多的练习机会，而当学生的错误是由于对所学习的材料缺乏理解时，教师还要为学生提供暗示线索或重新组织教学。

模拟训练型教学模式

1. 模拟训练型教学模式的理论基础

模拟训练型教学模式是建立在控制论原则和模拟机研究的基础上的。

模拟训练型教学模式最初起源于心理学的分支，即控制论原理的应用。通过在人与机器之间进行类比，学习者被概念化成一个自我调节的反馈系统。

控制理论作为一门学科，"被描述成人类（或生物）控制机制或像电脑那样的电子机械系统的比较性研究"电子机械系统的反馈机制与人类系统之间存在很明显的相似性，即能使该系统朝一个目标或按确定的路径移动；能把这个行动的结果和真实路径相比较并检查错误；对系统进行重新指导。控制心理学家认为，人类是能产生一系列行动然后通过反馈重新指导或改进其行动系统的。在任何特定的环境中，个人都能根据从环境中得来的反馈信息修正自己的行为，组织自己的动作和反应方式。学习就是个人通过反馈对行为后果的感觉体验和进行自我修正的行为，控制论原理的教学是为学习者创造一种能产生这种全部反馈的环境。因此，模拟机的作用过程便清晰地显示了控制论在教育教学程序中的应用。

模拟机是一种接近真实又能控制事情发展的错综复杂性的训练装置。它给学习者呈现出需要进行反应的学习任务，但这些反应的结果不同于学生真实生活的情境。模拟机所设计的学习任务并没有现实生活那么复杂，它的训练可分步进行，学习者所接受的训练任务也是由易到难进行的。此外，模拟机也为学生创造了从自发的反馈中学习的机会，即学习者能通过自己的感官学习对自身行为做必要的纠正。在控制论的原则基础上，模拟机通过对行为结果的反馈能够让学生调整他们的反应并形成合适的行为系统。

2. 模拟训练型教学模式的教学目标

模拟训练型教学模式通过在模拟真实生活场景的游戏中进行学习活动，让学习者掌握所学课程的知识和技能，培养学生的自学能力，增强学习者的自信心。

3. 模拟训练型教学模式的操作程序

模拟训练型教学模式在操作过程中可分为四个阶段。

（1）第一阶段：导向。

在这一阶段，教师提出要探究的题目，呈现融于实际模拟训练中的概念。如果这是学生的第一次经历，教师还要对模拟训练进行解释，并对游戏本身进行概括性介绍。第一阶段时间不应太长，但它是其他阶段学习活动的基础。

（2）第二阶段：对参与者的培训。

学生开始进入模拟训练。这时教师通过向学生介绍规则、角色、程序、打分制度、要做出的决定的类型以及模拟训练的目标来设置情境。教师把学生安排成各种角色并进行简短的培训以确保学生理解所有的指令并完成相关的任务。

（3）第三阶段：参加模拟训练。

学生投入游戏或模拟训练，教师则发挥裁判或教练的作用。教师可以通过阶段性的要求暂停模拟游戏以便学生接受反馈，教师评估学生的表现并做出决定，纠正学生的错误概念，以继续模拟训练。

（4）第四阶段：学生对模拟训练的总结和问询。

教师可以根据训练的结果帮助学生进行总结和思考：①描述事件及学生的感觉反应；②分析进程；③把模拟情境同真实世界相比较；④把行动和课程内容联系起来；⑤评估并重新设计模拟训练。

接下来，我们将简要介绍模拟训练型教学模式运用的个案，以便进一步了解模式的操作过程。

经典案例

国际关系规则的模拟训练

（1）第一阶段：呈现模拟训练的主题。

哈洛德·格兹库和他的同伴为高中生和小学高年级的国际关系规则教学设计了一个复杂而有趣的模拟训练。

（2）第二阶段：参与者的培训。

训练活动围绕五个"国家"单元而展开。在其中的每一个国家里，一群参与者扮作决策者和"刺激决策者"。模拟的国家关系从这些国家的特征和观察到的这些国家过去的行为准则推断而来，每一个决策小组可以得到他们所代表的国家的信息。这个信息涉及国民经济体系的基本实力、消费能力、军事能力（国家发展军事物资和军事服务的能力）、商业以及援助等方面的信息。他们一起玩一个包括进行贸易和达成各种协议的国际关系游戏。例如，可以建立国际组织，或者签订互助或者是贸易协议。国家甚至可以彼此发动战争，其结果取决于一组联盟与另一组的军事力量之间的对比。

（3）第三阶段：模拟训练操作。

当学生扮演国家决策者时，他们必须进行诸如通过外交官或其他代表所进行的国家间相互往来的真实协商，还必须掌握国家的经济情况。在这个游戏式的模拟练习过程中，学生还了解到经济制约影响着一个国家的方式。例如，如果他们是一个小国的决策者并试图达成贸易协定，会发现要想获得某些东西就必须付出一些代价。如果他们的国家是农业国而他们在同工业化国家打交道时，他们发现自己的国家处于劣势，除非另一个国家极需他们要出售的产品。

（4）第四阶段：参加者总结问询。

当接受到对他们所做决定的反馈时，学生便理解了国际关系运作的原则。

4. 模拟训练型教学模式的实现条件

首先，模拟训练的资料来源应当是多种途径的。近年来，关于模拟训练，国内外的研究提供了丰富的资料，甚至开发了大量的电脑模拟训练资料。由于模拟训练的学习资料是由专家设计和宣传的，教师应当根据所教课程的特点来进行选取并加以运用。

其次，针对模拟训练操作程序的四个阶段，教师应起到不同的作用，有不同的任务类型。控制心理学家认为，教育模拟能使学生从包含在游戏中的模拟经验进行直接的学习，而不是从教师的解释和课程中去学习。学生自己由于对游戏本身的投入，可能会意识不到他们学习的内容是什么。因此，教师在模拟训练过程中就要发挥模拟训练的管理者的职责，发挥解释、裁判、教练和讨论的重要作用，通过这些作用来提高学生对模拟训练的概念和原则的认识。

从模拟训练的过程来看，教师对模拟训练游戏的活动规则进行讲解和引导，然后教师通过控制学生参与游戏过程来确保游戏的训练目的和教学目标的实现。教师作为裁判的作用就是按照最能调动学生积极性的原则，将学生按游戏的角色进行混合搭配分组，创造积极的学习环境，保证模拟训练按既定规则顺利进行。教师作为教练的作用就体现在教师为训练者提供指导建议，并着力于挖掘模拟训练潜在的教育效果。最后，教师要组织学生讨论游戏对于真实世界的模拟程度，收集学生在参与训练过程中的意见和态度，确保将要进入的下一阶段的训练能产生预期的教育教学效果。

此外，教师对学生训练的反应主要是运用激励原则，观察并帮助学生解决遇到的问题，如发现学生对活动的兴趣开始减弱或注意力开始分散，教师还要引导学生集中注意力，继续通过游戏训练来学习。

5. 关于模拟训练型教学模式运用的说明

模拟训练型教学模式能运用于很多课程的学习中，如关于政治、经济、社会等制度的知识。近年来，模拟训练型教学模式的应用非常广泛，激发了人们在很多方面的学习，如竞赛、合作、概念、技能、批判思考和决策能力等。由于模拟训练型教学模式的结构比较严密，参加者之间的协作互动环境气氛活跃，所以能够有效地调动学生学习的积极性和主体参与意识，促进学生之间的相互交流和分享思想观点。而且，在模拟训练中，学生按照角色进行混合搭配分组，有利于培养学生的团体协作精神和合作能力。但这种模式对教师的教学水平要求较高，而且需要高度结构化的模拟训练资料。

行为控制型教学模式运用实例

一、掌握学习模式运用实例

运用"掌握学习"优化作文教学

布卢姆的"掌握学习模式"十分重视目标教学，强调把反馈矫正纳入课堂教学之中。这样一来，传统的"五段式"教学模式就演变为以"预标、测标、反馈、矫正"为主的优化教学过程。在作文教学中，运用"掌握学习"的方法，具体的操作程序为：出示目标——指导达标辅助运用"掌握学习"的方法达标——自我达标——检测达标——反馈矫正六个环节。下面结合教学实践，分述如下。

（一）明确的写作目标（出示目标）

就整个学期而言，教师可以把每次作文的目标印发给学生，也可以在教室设置一个作文序列训练专栏。就每次作文而言，教师可以将目标直接写在黑板上。写作目标必须紧扣重点训练项目，清楚明确。如关于作文训练的重点训练项目"主要的和次要的"这一问题，我们提出的目标是：①用写体会的方法写一则读书笔记；②抓住"体会"这个主要方面写详细，其他方面要简略。目标①规定了作文的体裁，目标②规定了重点的写法，至于词句、层次、标点等方面，只作常规要求。

（二）具体的写作指导（指导达标）

为了让学生"跳一跳摘桃子"，甚至达到叶圣陶先生所说的"自能作文，不待老师改"的境界，教师应给学生以写作指导。

指导时要注意三点：①要进行学情分析。教师要对本次作文的目标和本班学生的实际情况进行分析，以减少指导的盲目性。②要紧扣目标。由于作文的可塑性和自由度较大，如果不紧扣目标，容易眉毛胡子一把抓，导致事倍功半。③要具体。这是指导达标最重要的一点，学生要能沿着指导之路走向目标，而不应遇到较大的阻碍，如写体会的读书笔记，我们是这样指导的：①复习课文《读书笔记一则》和读写例话《主要的和次要的》，理解什么是读书笔记，如何分清主要和次要；②仔细阅读一篇文章或一本课外书，抓住印象最深刻的地方，记录下来；③结合生活中的实际，生发自己对原文或原书内容的理解（即体会）；④原文或原书内容是次要的，要写得简略，产生的体会是主要的，要写

171

得详细；⑤常规要求照旧。

（三）写作前的充分准备（辅导达标）

进行充分的写作前准备，是辅导学生达标的重点所在。

1. 自我准备（反馈与自我矫正）

①材料准备。

引导学生有计划地准备写作具体内容的材料，其途径如下：

A. 回忆往事，寻找所需材料。

B. 观察体验，提取所需材料。

C. 课外阅读，间接获取材料。

②知识准备。

A. 准备解决本次作文重难点和关键所需要的写作基础知识，主要从有关课文、读写例话和课外读物中获取。

B. 准备与所写对象有关的知识。只有熟悉对象，才能写好对象。

2. 检查准备（反馈与教师调控）

教师对学生的自我准备进行检查。通过学生反馈的信息进行调控，使学生重新做好准备，满怀信心地投入到写作中去。

（四）独立的写作实践（自我达标）

这一阶段，学生独立进行写作。教师除了要提醒学生注意写作习惯外，还要特别提醒学生根据写作目标进行自我评估，力求自己满意。

（五）广泛的写作评议（检测达标）

写作评议有别于批改、讲评和评改，因为它特别注重发挥学生的主体作用。学生通过实际写作，会有许多感想需要讨论，讨论之后才便于评价；加之学生的心情，如参赛后评委亮分时，注意力会比较集中，更有利于增强实际效果。

评议的目的，是为了检测达标情况。因此，学生在写作中遇到的问题，都可以提出来，但必须围绕目标，与目标无关或关联不大的问题，可以撇开或另作讨论。

评议形式要多样。评议时，教师要阅读学生的作文，可以批而不改，以加强评议的针对性。评议时，我们可以使用这样一些形式：

①小组评议，教师巡回指导。

②全班评议，教师点拨。

③比较评议，将好的作文和差的作文进行比较。

④抽查评议，随意抽查，再作评议。

（六）及时的反馈矫正（反馈矫正）

这一阶段是最后的综合反馈矫正阶段，为学生提供了查漏补缺的机会，是学生作文的第二次创作。我们的做法如下：

（1）简要小结。

根据目标和批阅、评议反馈的情况，表扬达标和有进步的学生，指出作文中存在的主要问题，向学生传递改正缺点的期望。

（2）组织矫正。

矫正练习是变式练习，是为下一步的修改搭建桥梁的准备。在矫正练习中，我们可以多采用比较法。如写读书体会的笔记，学生反馈的主要问题有三个：

①写成了提纲或摘录式的读书笔记；

②体会与原文或原书内容联系不紧密；

③体会不详。

针对第一个问题，我们选录了一则阅读提要和一些摘录，让学生指出它们与作文要求的异同。针对第二个问题，我们先让学生归纳课文《读书笔记一则》第二自然段的段意，再与一段不符合要求的学生作文进行比较。针对第三个问题，选录学生作文中体会写得不详的一段，让学生进行补充写作，然后加以比较。

（3）重写、修改与巩固提高。

对有严重问题未能达标的学生，指导他们重写；对基本达标而又存在某些不足的学生，指导他们修改；对达到目标的学生，设计一些巩固或提高性练习，并选择一些优秀作文贴在班上的"发表园地"里，供学生学习交流。

（4）写作文后记。

作文后记是提高反馈矫正的理论性。我们要求的作文后记包括两个方面的内容：①这次作文是怎样写出来的；②这次作文的主要优缺点是什么。比如，把学生的写作由感性上升到理性，这样可以帮助学生逐步积累写作经验，提高写作水平。

实践证明，在作文教学中运用"掌握学习模式"，可以使学生写作水平一次比一次提高，可以大面积提高作文成绩。

二、程序教学模式运用实例

下面要介绍的案例为江西省某中学化学组探索课堂"四段"，程序

教学模式的实验："四段"程序教学模式的探索

（1）理论依据

①斯金纳的程序教学理论和布卢姆的掌握学习理论。

②素质教育的"主体性"和"发展性"原则。

③我校的"三化"教学实践（即文科教学练习化，理科教学程序化，作业、实验规范化）。

（2）实验目标

优化课堂教学环节，使教学过程程序化，提高课堂教学效率，全面提高学生的整体素质。具体目标如下：

①尊重学生在教学过程中的主体地位和作用，培养学生的自觉性、自主性和创造性。

②把学习的主动权交给学生，激发和调动学生积极性，让学生有自主学习的时间和空间。

③不仅重视知识和技能的传授。更要重视学生潜能和个性的发展。

（3）具体做法

教师依据大纲要求和教材内容，结合学生实际和认知规律，将每个单元知识（一小节为一个单元）编成以下四段程序进行教学。

三、以高中化学离子反应（两课时）为例

1. 自学提纲。

总体目标：路标索引，自学初探。

自学提纲：

①举例说明何谓电解质与非电解质。

②电解质溶液导电的原因是什么？

③如何区分强电解质和弱电解质？

④了解离子反应和离子方程式的含义（离子方程式的书写步骤）。

教师将新课内容按知识点（粗线条）编印成自学提纲，充当程序性教材，提前一周印发给学生，引导学生自学。自学提纲应简明扼要，侧重基础知识点，一般以简答或填空的形式为主，对高一学生思维力度的要求不宜过高，为知识难点打下基础。本程序只要能引导学生定向阅读教材，养成自学的习惯即可。

2. 分析释疑。

总体目标：分析归纳，释疑解难。

①填表。

比较项目	电离程度	存在形式（在水溶液里）	实　例
强电解质			
弱电解质			

（填表要求：突出重点，归纳出强电解质、弱电解质的本质特点）

②书写离子方程式时，下列物质中哪些应写成离子形式？哪些应保留分子形式？将结果填入相应的空格内。

物质	书写离子方程式时的形式	物质	书写离子方程式时的形式
硫酸		醋酸	
烧碱		二氧化碳	
氨水		硝酸银	
碳酸钡		水	

（填表要求：突出重点，归纳强调书写离子方程式的关键步骤）

③举例说明离子方程式不仅可以表示一定物质间的某个反应，而且可以表示所有同一类型的离子反应（深化对离子反应和离子方程式的涵义了解）。

教师提示线索或辅以图、表形式引导学生分析推理、层层递进，形成清晰的知识体系。对疑难问题，要变换角度思考，提高学生分析、综合思维的能力。能够由学生自己对比分析、归纳小结的知识，尽量让学生自己去完成。

3. 反馈练习。

总体目标：精选习题，注重反馈。

强化练习题：

①写出下列物质的电离方程式。

A. KOH　　　　　　　　B. H_2SO_4　　　　　　　　C. $CuSO_4$

②写出下列反应的离子方程式。

A. 硫酸和氢氧化钠溶液混合

B. 将碳酸钙颗粒投入到盐酸中

教师在充分考虑教学要求、习题题型和题量，以及不同学生的知识水平的基础上，精选习题，把握习题的量与度，面向全体学生设计不同层次的习题，运用反馈手段，达到巩固知识的目的。

说明：本例中

①离子反应两课时，设问议讲一课时，分析释疑和反馈练习一课时。

②设问议讲程序中，括号内的内容不做板书，作追问用。

③议讲程序中，教师要鼓励学生积极思考，互相讨论，并对学生的问题及时提示和引导。

（以上四个程序，除自学提纲外，其余程序均在课堂内完成，根据不同情况，可适量布置练习。一堂课中，后三个程序可独立进行，也可以视具体教学内容组合进行。教师的每堂课讲课时间控制在 30 分钟以内。）

在这个教学案例中，教师把高中化学教材中离子反应的学习内容按照适宜于学生学习的教学顺序展示给学生，注重对学生学习效果的反馈以及自学能力的培养。

四、直接指导型教学模式运用实例

直接指导型教学模式的理论源于行为型教学模式，尤其是训练心理学家和行为心理学家的研究。因此，行为主义者有时又称其为"强化指导行为模式"，即该模式强调示范、强化、反馈以及循序渐进。接下来为大家展示的案例，是有关运用行为强化的理论来设计中小学多媒体计算机辅助课堂教学软件（CAI）的。通过学习 CAI 的"行为强化设计"，有助于教师更好地运用强化指导行为模式来组织和设计课堂教学。

行为强化设计

知识的掌握、能力的形成是以行为表现出来的。强化是塑造行为、增强行为定型的重要手段。在多媒体课堂中，运用强化手段，可以使学生的认知活动得以增强或矫正。心理学研究表明，由于缺乏知识经验和心理发展的不成熟，学生对自己的认知活动及结果常缺乏自我意识，这就需要 CAI 能对学生的认知活动和认知结果作出及时的反应，以肯定、维持或否定、消退学生的某种认知方式和结果。

一般来说，设计强化呈现形式首先需要确定强化内容。

课件中的强化内容可归纳为以下几个方面：

①适当的提示和强化（表示要强调、注意的知识点）；

②启发性地给出所需要的规律（包括公式、公理、定理、原理

等）；

③对学生出现的错误的直接补救（包括纠错）；

④某些事实、例子、数据、规律的重新显示（这些经常是辅导原则所要求的内容）；

⑤某种要求与建议；

⑥肯定或否定的表示；

⑦对学生应答的某种理解或相应的处理；

⑧对学生的某种询问；

⑨为诊断出错原因用不同方式，从不同的角度对同一问题的再次提问；

⑩给出正确的答案；

⑪学习的总结或评价。

在强化内容确立后，教师可以根据强化内容来设计强化呈现形式，即确定强化内容的表达方式。通常用文字、图形、图表、音乐、符号、闪烁、音响等几种方式，使用哪种表达方式要视具体强化内容和教学对象而定，同时也要考虑某些学生心理方面的因素。例如，在我们开发的《小蝌蚪找妈妈》和《求比一个数多几的数》等软件中，对错误与正确这一强化内容的表达，有时会用文字短语"对了"或"正确"来表达，有时也会用一声音响（如"嘟"）表示错误，用一段优美的音乐表示正确。

在设计好强化呈现的同时，要很好地安排强化的使用。强化使用分为即时强化和延时强化两种方式。使用哪种强化方式一般要依据教学内容进行选择。对联想记忆的内容可以使用即时强化，如拼写单词，就以一题一纠正为好，对概念或原理等需要理解或思考的内容可以使用延时强化，如理解某个概念常要通过几个不同角度的题目来考查，每个题目只涉及概念的局部。所以，一题一纠就不可取，而当这一组题目都做完时，再从总体上进行说明并纠错则指导效果会更好。

在使用即时强化时，对学生的反应一般不要总是对了就说好或给一段好听的音乐，错了就告诉重做或给出答案。时间一长，学生对这种强化就不再注意，这对强化记忆将不起作用。所以对即时强化可以这样使用：在学习的初期，对学生的正确响应只作一般的表示或不表示，对学生的错误响应进行纠正，并告诉学生正确的结果。当学生对所学内容比较熟悉，对于大多数问题都能作出正确响应时，可以记录出错的题目，进行相对集中的纠错，并指明出错的原因。这样一来，更能引起学生的注意，启发其反思，效果会更好。

在多媒体课堂 CAI 中设计强化时应注意：

①使学生明确自己受嘉奖或批评是因为认知活动而非其他原因；

②强化要及时伴随教师所期待的行为或学生所应作出的认知反应；

③在指导认知行为的初期，强化应经常进行，以后可逐渐减少，使用间隙强化；

④应使强化在形式和数量上与受强化的认知行为相匹配，即不可给予某种相同的认知行为以不同或不相称的强化；

⑤创设一种课堂教学情境，使每个学生都可以在认知活动中受到强化。

五、模拟训练型教学模式运用实例

在公关策划中运用模拟训练型教学模式

模拟训练型教学模式在高等学校一些强调应用能力的专业中得到了广泛的运用。公关策划作为一门应用性极强的课程，在教学中强调理论与实践并重。在公关策划中运用模拟训练教学模式的体系如下。

1. 模拟对象的选择

选择某一类或某一个社会组织作为模拟训练的实体或对象是开展教学活动的前提条件。在选择过程中应注意以下问题：

①选择真实的社会组织作为模拟实体，以利于背景资料的收集和公关策划方案的评估论证。

②选择社会组织中典型的事例或问题作为模拟训练的素材。例如，武汉市的新闻媒体一度比较集中地报道过消费者在"家乐福"超市被非法搜身、遭到侮辱的事件，这一事件在商业竞争激烈、商场超市林立的武汉市来说就具有典型性，具有很强的公关策划模拟训练的价值。反之，如果模拟训练的素材所揭示的矛盾不是依靠公关的手段或人员的力量所能解决的，就失去了模拟训练教学的价值，应避免用作训练的素材。又如，武汉衬衫厂生产的"大桥"衬衫在消费者心目中印象深刻，当这个工厂即将倒闭的消息通过媒体传出后，政府、市民表现出极大的关注，要求保住"大桥"。这个事例涉及我国经济体制改革、国有企业亏损、产品落后、技术设备陈旧、思想观念僵化等一系列复杂的问题，

公关途径在其中只能起到一定程度的作用，而不能从根本上解决问题。因此，这类事例不宜用于公关策划模拟训练。

2. 公关策划模拟教学的组织

①教学方法模式。

公关策划模拟训练是一种理论与实践紧密结合的教学活动，其教学方法必须摒弃传统的"填鸭式"方法（又称"注入式"），应采用从"导学式"向"学导式"发展的模式。

在公关策划模拟训练的起步阶段，教师通过公关案例教学来讲授理论，提出问题，引导学生了解掌握公关策划的规律与方法。这个阶段的教学方法，主要是"导学式"。这个过程以总教学时间的三分之一为宜，当然也可以根据学生的实际情况适当延长。在模拟训练的中后期，教师把模拟对象、背景材料和相关问题交给学生，或全部由学生自己选择、收集和发现，展开策划训练。教师加强辅导，参与和组织讨论，其教学方法主要是"学导式"。

②模拟训练中的课堂讨论。

公关策划模拟训练中，课堂讨论是一种常用的教学形式，学生是课堂讨论的主角。教师发挥讨论的主导作用，启发、引导学生的讨论。由于这种形式参与的人数不宜太多，为了给学生更多的交流机会，提高教学单位时间的效率，宜将小组讲座与集中讲座结合起来。寻求对策，通过分组展开"神仙会"式或"头脑风暴"式的讨论，激活学生的思维，引导学生分析问题，把握症结，寻求对策，而分析案例、交流和评估策划方案，则可以采取集中讲座的方式。

课堂讲座应坚持以学生为主、教师为辅的原则。学生应通过独立思考和相互交流，写出公关活动方案。讲座的方式针对性强，要求教师既要认真听取不同意见，又要认真答疑。学生之间要平等交流、互相尊重。教师应认真阅读并客观评价学生的策划方案，加强对课堂讨论的引导与控制，并鼓励学生创新，不可压制学生的思想。

③撰写公关活动方案。

公关活动方案在教师布置任务之后由学生独立完成，在讨论、评估之后加以修改。

3. 公关活动模拟训练教学的考试

公关策划模拟训练是一种以培养学生实际能力为最终目标的教学活动，对学生成绩的评定应注重能力的考核。这一教学活动的考试可以采用两种形式：一种是集中式。教师把事先准备好的社会组织背景材料分发给学生，由学生从中自由选择，在指定时间内完成策划活动方案。另一种是开放式。学生走出课堂走向社会，选择某一社会组织作为考察对象，在深入实际中发现问题，写出公关活动方案。

虽然在高等学校中对模拟训练型教学模式的运用因专业性质而异，但其基本体系和过程仍与中小学模拟训练课堂教学模式相同。因此，从这个案例中我们也可再次清晰地看到，模拟训练型教学模式从主题的选定、情境的设置、角色的分配与培训到模拟训练的正式进行和操作管理，以及最后对模拟训练的总结和评估，都需要教师的精心设置和安排。只不过在我们的案例中，模拟训练需要更多的结合和运用学生所掌握的专业知识，且最后对模拟训练的评估采用了考试的方式。

教学模式选择和运用的基本原则

教学模式的资源十分丰富，关键是我们在教学活动中怎样选择和应用教学模式。课堂教学模式的选择不是随意或随机的，它应该有一定的规律可循。在这里，我们主要讨论在教学活动中如何选择和综合运用教学模式的一些带有普遍性的原则问题。

1. 教学模式的选择

任何一种教学模式都有特定的目标、功能、适用的条件和范围。世界上不存在放之四海而皆准的最优教学模式。任何教学模式总是要依据一定的条件才能发挥作用。因此，我们所要探讨的不是去评定哪一种模式最佳，而是要理解某种教学模式的某些侧面针对某一目的可以取得哪些效果。总之，我们应该从千差万别、丰富多彩的教学实际出发选择教学模式，具体应考虑以下因素：

（1）教学目标。

教学目标是教学目的和任务的具体化。对于教师来说，每一堂课所要达到的教学目标都可能是具体而不同的，有的侧重于知识学习，有的侧重于技能训练，而每一种教学模式都是指向特定教学目标的。同样是培养学生的认知能力，根据布卢姆的认知教学目标分类，也有不同层次：知识、领会（或理解）、运用、分析、综合和评价。这就要求教师在选择教学模式之前，首先明确要达到怎样的教学目标，然后选择适宜的教学模式。

（2）教学内容的性质。

教学内容是教学模式的构成要素之一，每一种模式都对课程设计的方法和结构有一定的要求，如范例教学模式要求教学内容具有基础性、基本性和范例性，而发现教学模式则要求教学内容本身就具有结构性。因此，不同的学科，或相同学科但不同性质的内容，都要求选择与之相适应的教学模式。比如，语文教学的每——篇作品并不仅仅是传递知识信息，还蕴涵着情感因素。通过语文教学，使学生的情感受到陶冶，这是语文教学的一个重要特性。因此，语文教学采用情境—陶冶的教学模式就比较适当。而物理、数学等结构严谨、逻辑性强的学科，就可以采用结构发现教学模式。

（3）学生的年龄特点和认知水平。

不同的教学模式适用的范围和对象都有所不同，因此，在选择教学模式时还应该考虑学生的年龄特点和认知发展水平。比如，自学辅导教学模式和探究——研讨教学模式，这两种教学模式要求学生有一定的知识准备，并掌握初步的自学方法和思维方法，因而比较适用于高年级学生，而不大适用于小学低年级的学生。

（4）教师的特点。

因为每种教学模式都是由教师来运用的，因此，在选择教学模式时，教师本身的特点也就成了一个不可忽视的因素。比如，同是语文教师，如果他是一个富有感染力的人，又具备良好的嗓音和朗读技巧。采用情境——陶冶教学模式则能发挥教师自身的这些特点。如果教师具有深厚的学识和较强的启发诱导能力，则更适宜采用自学——辅导教学模式。

（5）教学所具备的物质条件。

在很多情况下，顺利地完成教学任务，实现教学目标，就必须具备一定的物质条件。比如，采用程序教学就必须具备相应的教学机器，采用计算机支持的合作学习就必须普遍具备计算机设备及相应的网络条件。

（6）教学时间。

有的教学模式虽然能较好地实现教学目标，却需要较多的教学时间。

中小学的教学时间往往都有比较严格的规定，当受到教学时间的限制时，教师就不得不放弃这种教学模式。

教师在选择教学模式时，要综合考虑以上因素，权衡利弊，"择其善者而用之"。

2. 教学模式的运用

教师在具体运用教学模式时，应注意以下几点：

（1）要建立在反映现代教学理念的科学教学思想的基础上。

指导思想是教学模式的灵魂，教学模式的运用能否取得预期的效果，关键在于是否把握了模式背后的教学理念和指导思想，否则，无论采用什么样的新模式，只能是盲目的模仿和机械的套用。如果我们仍然把学生看做是知识的容器，以知识的灌输作为教学的指导思想，那么即使采用了恰当的教学模式，还是会导致学生呆读死记，只不过是变"教师灌"为"书本灌"，背离了教学模式促进课堂教学的初衷。

（2）要从整体把握，做到形神兼备。

任何教学模式都是由一定的指导思想、目标、程序、策略和评价等要素构成的，其本身都具有一套较完整的结构和机制。各种教学模式实际上就是各种指定的、相对完整的教学系统。在运用时，必须从整体上去把握，既透彻地了解其理论、原理，又切实地掌握其方式、方法。那种无视教学模式的完整性，唯"形似"而不顾其"神似"，放弃理论学习而简单套用其程序步骤的做法，无异于舍本逐末，对提高教学水平和质量毫无益处。在我国中小学新课程改革的实践中，一些教师往往以传统之"神"去"俘虏"现代之"形"，把"发现学习"弄成"注入式"，把"暗示法"变成"明示法"或"表演式"，徒然热闹一番，而效果依旧。只有形神兼备，才是完整的、严格意义上的教学模式。

（3）要从实际出发，有所发展和创新。

教学模式给教学实践提供了范例，本身又有一套实施的操作程序，因此具有可模仿性和可操作性。但是，教师不能盲目照搬和机械套用。实践中具体的教学活动在教学目标、内容性质和学生特点等方面都存在着差异，教学模式对教学活动只能做大体的规划。在运用教学模式时，其实是在原有模式基础上，针对具体实践的一次超越和创造。教师要能做到有模式但不为模式所限；遵循模式但不为模式所拘泥；模仿中求创造，运用中求发展。

（4）优化组合，变通运用。

首先，实际教学过程是具体而复杂的，教学内容是多样而丰富的，教学要达到的目标也是多方面的。企图在教学过程中采用单一的教学模式来组织教学、完成教学任务是不现实的，也是不可能的。因此，在教学过程中，应选择和交替运用多种教学模式，并使它们有效地配合，共同达到预期的教学目标。其次，教学模式虽然有着相对固定的程序和阶段，但它们的划分并不是绝对的，在实际运用中教师往往需要灵活掌握、变通使用。

杜威提出的教学模式包括情境、问题、假设、推断和验证五个阶段，但在杜威看来，这五个阶段并不是固定不变的，而应根据儿童的智力水平和当时对情境反应的情形而定。在课堂教学中，不同性质的目标和内容经常相互交叉，加上时间的限制，很难将一个教学模式完整地应用。因此，教师在变换教学模式时，不仅要考虑到某一教学过程的相对独立性和完整性，考虑教学模式的整体性，而且要从教学的实际需要出发，吸取其他教学模式中有利于达到教学目标的某些方面。采用教学模式只是达到教学目标的手段，模式本身不是目的。具体的教学情境中，如果把模式修改一下再使用会更有效，就应该将原有模式变通使用。

总之，在运用教学模式时，只有坚持正确的教学指导思想，从整体着眼，从实际教学需要出发，融会贯通地理解和运用多种教学模式，才能符合教学的复杂性和动态性的要求。

新课程改革背景下教学模式的选择与运用

1. 新一轮基础教育课程改革的实质和目标

我国新一轮基础教育课程改革从 1999 年起开始酝酿, 2001 年以来进入全面启动阶段。1999 年, 中共中央、国务院召开了第三次全国教育工作会议, 发布了《中共中央、国务院关于深化教育改革, 全面推进素质教育的决定》, 明确提出要"调整和改革课程体系、结构、内容, 建立新的基础教育课程体系"。2001 年, 国务院召开了全国基础教育工作会议, 作出了《关于基础教育改革与发展的决定》, 进一步强调要"加快构建符合素质教育要求的新的基础教育课程体系"。同年, 经国务院同意, 教育部正式颁布了《基础教育课程改革纲要 (试行)》, 确定了基础教育课程改革的指导思想、具体目标和总体框架。至此, 新一轮基础教育课程改革, 即新中国成立以来的第八次课程改革在全国范围内蓬勃开展起来。

新一轮基础教育课程改革, 在优化课程结构、调整课程门类、更新课程内容、改革课程管理体制和考试评价制度等方面, 都取得了突破性进展, 特别是在课程体系、教学内容方面的改革力度进一步加大。

（1）改变课程结构过于强调学科本位、科目过多和缺乏整合的现状, 整体设置九年一贯的课程门类和课时比例, 并设置综合课程, 以适应不同地区和学生发展的需求, 体现课程结构的均衡性、综合性和选择性。

我国现行的中小学课程设置, 强调学科课程, 课程门类过多, 课程内容缺乏整合, 导致课程内容繁、难、偏、旧, 加重了学生的课业负担。而且, 课程结构单一, 学科课程占绝对主导的地位, 忽略了其他类型的课程在学生发展方面所具有的价值, 忽略了学生的全面、均衡发展。课程缺乏弹性, 难以适应不同地区发展的需求。针对这些问题, 我国新一轮基础教育课程改革对现行课程结构进行了重大调整, 减少了学科门类, 对具体科目之间的比重进行了调整, 在保留传统学科的同时, 加强了旨在养成学生科学素养和实用技能的学科的地位, 使科学、综合实践等学科的比重呈上升趋势。

①设置综合实践活动，拓展学生的学习空间，培养创新精神和实践能力。近年来，我国在基础教育课程改革的实践中，涌现出一种新的课程形态——综合实践活动，它在我国新的课程体系中占有重要的地位。综合实践活动包括信息技术教育、研究性学习、社区服务与社会实践以及劳动技术教育。按照新课程计划，综合实践活动占总课时比例的6%～8%。设置综合实践活动，是我国基础教育课程体系在结构上的重大突破。综合实践活动课程在我国基础教育课程体系中的确立，不仅意味着一种新的课程形态的诞生，更重要的是它标志着现代新课程观念的形成。它表明课程是生活世界的有机构成，而不是孤立于生活世界的抽象存在；学生是学习的主体，而不是被动的接受者。那种把课堂看做是唯一受教育的场所，把书本看做是唯一的知识来源，把教师看做是唯一的知识拥有者和权威的观念已经过时，取而代之的是更加重视生活中、工作中和实践中的学习。

②课程综合化。未来的中小学课程将出现一种新课程——综合课程，这是基础教育课程改革的一个鲜明特征。根据新课程计划，小学阶段以综合课程为主，小学低年级设置品德与生活、语文、数学、体育、艺术（或音乐、美术）；小学高年级设置品德与社会、语文、数学、外语、综合实践活动、体育、艺术（或音乐、美术）；初中阶段设置分科与综合相结合的课程，主要包括思想品德、语文、数学、外语、科学（或物理、化学、生物）、历史与社会（或历史、地理）、体育、艺术（或音乐、美术）以及综合实践活动；高中以分科课程为主。走课程综合化的道路，是本次课程改革在课程结构方面的一个重要突破。半个世纪以来，随着科学技术的高速发展，一方面学科内部的分化更加精细，另一方面，学科之间进一步交叉综合。这种以高度综合为主，既高度分化又高度综合的整体化趋势是当代科技发展的基本特征之一。可以说，二十一世纪将是不同领域科技创造性融合的时代。课程要反映科技发展的新成果，并促进知识的再生产，就必须纳入一些重要的综合性知识，而要真正实现课程和学科的综合化，仅对原有的分科课程作一些细节的调整和修补是远远不够的。为适应现代科学技术的飞速发展，解决人类面临的各种现代性、社会性、世界性的问题，应重新整合学科知识，加强课程内容的综合性。如环境问题、人口问题、资源问题等，这些都是学校教育亟待加强的内容，而这些内容在分科课程中是难以综合体现出来的。因此，课程的综合化趋势，是现代社会科技综合性发展的必然结果。

受苏联凯洛夫教育理论的影响，长期以来，我国中小学课程分化过细，以分科课程为主。自二十世纪八十年代中期起，我国开始进行综合课程改革试点。1992 年，小学合并原有分科的"历史"和"地理"，改设综合课程——"社会"。其中，浙江和上海对初中综合课程的试点取得了成功。浙江从 1993 年秋开始，在全省初中取消分科的物理、化学、生物、地理、历史，改设"自然科学"和"社会"两门综合课程。1997 年，国家教委在广东省和上海市部署了普通高中综合课程试点，制定和实施"3 + X"的高考科目综合设置方案，从而使综合课程在考试制度上有了充分保障，开始逐步成为我国基础教育阶段的一种重要的课程类型。

③开设选修课。新中国成立以来，我国曾先后于 1963 年和 1981 年两次提出可在高中阶段开设选修课，但事实上，中小学一直没有真正意义上的选修课。二十世纪九十年代初，我国开始逐步增加选修课在中小学课程中的比例。1992 年颁布的九年义务教育课程方案设置的选修课学时达到总学时的 7% ~ 9.44%，2003 年秋季开始在全国十余个省（市）试行的普通高中新课程方案进一步强调了开设选修课的重要性。

④增设了研究型课程。我国原有的中小学课程以学科课程为主，大多为接受型课程，重课程内容的系统性，不重视课程的情境性和问题性，不利于培养学生的探究精神和解决问题的能力。当前正在进行的新一轮课程改革将研究型课程作为一种重要的课程类型，从小学一直延续到高中，旨在从根本上改变学生的学习方式。

⑤增设了反映科技教育、信息技术教育的新课程。随着能源、材料、生物、信息等高科技领域的发展及其在经济和社会发展中的进一步应用，加强对中小学生的科技教育和信息技术教育显得尤为重要。学校实施科技教育和信息技术教育，不但能够帮助学生进一步认识现代科学技术的发展现状，感受到当今科学技术的飞速变化对社会生活带来的深远影响，培养科技意识，而且能够增强学生对现代社会的认同感，提高他们的参与意识和兴趣，使教育的社会功能得到充分有效的体现。以实践为主要途径的科技教育和信息技术教育活动含有大量的创新激发点，对于培养和发展学生的创新意识和创新能力具有重要的引导、激发作用，为学生创新意识的培养和能力的发展提供了良好的契机。

（2）改变课程内容难、繁、偏、旧和过于注重书本知识的现状，加强课程内容与学生生活以及现代社会和科技发展的联系，关注学生的学习兴趣和经验，精选终身学习必备的基础知识和技能，实现课程内容的现代化、生活化，增强适应性。

长期以来，中小学生课业负担过重，始终是全社会关注的焦点问题。在学生有限的基础教育学习时间里，"究竟学什么最有价值"，成为新一轮基础教育课程改革关注的焦点。在制定新的课程标准前，专家组成员首先达成了共识，认为义务教育是为每个学生的发展奠定基础的教育，是提高全民族素质的教育，因而它的课程内容和要求应当是基础的、有限的和具有发展性的，不能任意拔高这个标准。而且，义务教育是为每一个学生终身学习打基础的教育，不是终结性教育，因而课程要给学生全面丰富的发展留有充分的时间和空间，促进学生自主、多样、持续地发展。在此基础上，根据义务教育的性质和时代的要求，重新确定了哪些基础知识和基本技能是学生终身发展所必备的，重新界定了新时期基础知识与基本技能的概念。所以，世界各国都把学生学会学习作为最重要的教育改革方向。正因为如此，改变学生的学习方式已经成为我国基础教育课程改革的重要目标之一。为推动学生学习方式的根本性变革，把培养学生自主性、探索性学习能力的目标落到实处，新一轮的课程改革首先通过课程结构的调整，着力改变了学科课程一统天下的局面，使得学生的活动时间和空间在课程中取得合法地位。与此同时，新课程标准通过改变学习内容的呈现方式，确立了学生的主体地位，促使学生积极、主动地学习，使学习过程变成学生不断提出问题、解决问题的探索过程，并能针对不同的学习内容，选择不同的学习方式，比如，接受、探索、模仿、体验等，使学生的学习变得丰富而有个性。另外，通过设置新的课程，强化探究性和实践性的教学目标，倡导新的课程形式，为学生提供一个开放性的、面向实际的、主动探索的学习环境。

（3）改变课程评价过分强调甄别与选拔功能的现状，充分发挥评价促进学生发展、教师提高和改进教学实践的功能。

长期以来，我国中小学的教育评价一直存在许多问题，主要表现在过分强调评价的甄别与选拔功能，忽视促进学生发展的功能；评价指标单一，基本以书本知识为核心，忽视对实际能力、学习态度的综合考查；评价方法多采用纸笔考试，过于注重量化；评价技术落后，过于注重对结果的评价，忽视对过程的评价等。教育评价的相对滞后，已经成为制约全面实施素质教育的瓶颈。

新一轮基础教育课程改革响亮地提出，要倡导发展性评价，突出评价促进发展的功能。注重发展和变化的过程，保护学生的自尊心、自信心，体现尊重与爱护，关注个体的处境与需要。注重对学生素质的综合考查，强调评价指标的多元化，对学生的评价不仅要关注学生的学业成绩，而且要发现、发展学生多方面的潜能，改变单纯通过书面测验和考试来检查学生对知识、技能掌握的情况，倡导运用多种方法综合评价学生在情感、态度、价值观、创新意识和实践能力等方面的进步与变化，不仅要反映学生的学业成绩，而且要反映学生的学习过程和学习态度，采用多种评价手段和评价工具，对学生的学习过程和学习结果进行评价。比如，采用开放式的质性评价方法，如行为观察评价、问题研讨、研究性学习、情境测验、成长记录等。这次改革的举措意味着为学生的评价多提供了几把尺子，将进一步打破教育评价"一卷定高低"的局面。

2. 以新课程改革为契机推动课堂教学模式的转变

长期以来，我国中小学形成了以教师为本位、以传递和接受为基本特征、以掌握知识技能为目标的学科教学模式。要实现新一轮基础教育课程改革的目标必须推进学科课堂教学模式的转变。

（1）由教师本位向学生本位转变。

二十世纪八十年代以来，教师和学生在教学中的地位和作用问题一直是教育理论研究的特点和重点。人们一直试图从理论上摆正教师和学生在教学中的位置与关系，并竭力倡导学生的主体地位。但纵观近年来的教学实践，教师和学生地位的错位现象一直没有从根本上发生改变。以教为中心，学围绕教转；以教为基础，先教后学，一直是占据主导地位的教学理念，并形成了单一、线性的教学模式。这种教与学的本末倒置的现象，势必导致学生亦步亦趋、囫囵吞枣，最终泯灭学生学习的主动性、自主性和创造性。

教师应在教学过程中与学生积极互动，共同发展，逐步实现学生学习方式、教师教学方式和师生互动方式的变革。这种变革实质是把教学过程视为师生双方主体性共同发挥与建构的过程，课堂教学改革必须实现主体本位的转移，即由教师本位转向以学生为本位。新一轮课程改革对于师生相互关系地位的认识，不但有了新的发展，也为构建与之相适应的教学模式提供了坚实的理论依据。

从教学活动来看，任何教学都是有计划、有目的的活动。为了有效地提高教学质量，教师必须对教学活动进行精心设计。怎样设计，根据什么设计，最为重要的依据当然是学生的发展。学生的发展是教学设计的出发点和归宿，也就是说，"学生本位"是教学设计的指导思想。这就要求教师必须应学生之动而动，应情境之变而变，最大程度地实现教学目标的针对性和实效性。

必须明确的是，作为选择和运用教学模式的主要依据，我们在课程改革中所倡导的"学生本位"并非美国实用主义教育家杜威的"儿童中心主义"。我们强调的"学生本位"是以承认并发挥教师的主体性作用为基础的。教师依然要掌握课程计划和课程标准，依然要熟悉教材，了解学生，把它们内化为自己的素质结构，形成自己的教学价值观、教学技能、教学方法，并把自己的知识才学、品德修养、情感与价值观等在特定的教学情境中彰显出来，与学生交流，引导学生学习。强调"学生本位"，其核心是重视人，以人为本，以学生的发展为本，尊重、关心、理解、信任每一个学生，发展每一个学生的潜智、潜能、潜质，发展人的个性。

（2）由机械性向生成性转变。

长期以来，受"应试教育"和"教师本位"思想的影响，教师比较习惯于通过系统讲授把现成的知识结论直截了当地教给学生。评价一节课好坏的标准也主要侧重于教师"讲授"的功夫。

教学过程不是一个单纯的认识过程，而是师生不断领悟世界的意义和人本身存在的真谛，不断激活生命、确证生命、丰富生命、提升生命的质量与价值的过程。师生之间的合作关系不只是知识传递的关系，而是有关于共同话题的对话关系。在对话过程中，师生各自凭借自己的经验，用自己独特的精神表现方式，通过心灵的沟通、意见的交换、思想的碰撞，实现知识共同拥有与个性的全面发展。课堂不再是教师唱独角戏的舞台，不再是学生等待灌输的知识接受站，而是气象万千、充满生机的生命活动的广阔天地，是浮想联翩、精神焕发、创意生成的智慧沃土。

教学中生命性的对话体验已不限于师生之间、同学之间言语的应答。按照雅斯贝尔斯的说法，"对话是真理的敞亮和思想本身的实现"，是一种"在各种价值相等、意义平等的意识之间相互作用的特殊形式"。对话强调的是双方内心世界的"敞开"和对对方真诚的倾听与"接纳"，是一种在相互倾听、欣然接受、知识共享中实现"视界融合"、心灵互通、共同探究未知领域的活动，是师生以教材内容为"话题"或"谈资"共同生成、创造"文本"、建构"意义"的过程。作为一条原则，"对话"要求师生之间民主、平等、相互理解、相互尊重。作为一种方法，它要求我们改变传话、独白的方式，走向对话和交流，使知识"在对话中生成，在交流中重组，在共享中倍增"。教学模式的选择和运用要充分体现这种教学中的主体生命，共同实现教学的意义，到达教学彼岸。传统的教学模式注重设计，追求整齐划一，教学活动的程序和步骤是在封闭、严密的轨道上运行的，非常注重教学设计和效率。为此，教师需要精心策划，充分准备，并形成完整的教案。备课已经被细化成为教学过程中一切可能事件的预案，课堂教学就是实施教案。于是，课堂教学模式结构要事先决定教学目标达成的框架。过分追求教案的完美无缺，过分强调"按既定方针办"，使本该灵活多变、充满勃勃生机的教学变成讲究"套路"、固定不变的计划教学，这样就会束缚学生的手脚，禁锢学生的思维，根本谈不上智慧火花的碰撞和创造灵感的生成。以教案为本位实际上是以教师为本位，这样的教学本质上是封闭式教学。而封闭性致使课堂教学变得机械、沉闷、程式化，缺乏生机和乐趣。封闭必然导致课堂教学的僵化。新课程强调教师教学方式、学生学习方式和师生互动方式的转变，倡导为学生留下自主探究的余地和空间，追求创新精神和实践能力的培养。因此，课堂教学必须从封闭走向开放，其表现如下。

①教学观念的开放性。教学过程是一个动态生成的过程，因而它是开放的。课堂上可能发生的一切并非都能在备课过程中预测到。教学过程的真实推进及最终结果，更大程度上是由具体的教学以及教师具体问题具体分析、灵活处理问题的方式决定的。从这个意义上来说，教学是具体的、不可重复的。学生的学习过程也是一个开放的、创造性的、生成性的过程。学生在不断理解课程的过程中理解自己、理解人生、理解社会，不断投入自己的生活积累和人生体验，去感受和体悟概念、判断公式、语法修辞背后的丰富意义，去创造前人不曾创造的新意。这种生成开放的教学观要求教师淡化课程执行中的预定性和统一性，注重对话过程中的再生性和多元性，不以预设的方案束缚师生的头脑和手脚，不以有限的结论锁定无限的对话进程。

②教学内容的开放性。教学内容应是经验信息和即时信息的统一体。作为经验信息，它具有确定性、唯一性、静止性的特征；作为即时信息，它具有变动性、多样性、发展性等特性。传统课程编制中的既定

性、凝固性和闭锁性，致使课堂教学比较注重经验、信息的传递，把毫无遗漏地传授教材内容视为教学的根本目的。而今的课程标准不再把教科书当做金科玉律，而是作为与学生进行交往、对话的部分材料，教师是课程资源的开发者和新课程的塑造者，可以根据本地、本校、本班学生的实际情况来改变教科书的次序，可以充实教材、超越教材，甚至舍弃某些教材内容。

③教学过程的开放性。封闭式教学过程是预设性的，开放式教学过程是生成性的。教学必须有计划，但不可能完全按计划教学。教学方案应该为课堂上的创造性教学提供教学思路或大致的框架，而不应该成为课堂教学活动的"紧箍咒"。开放式教学不以完成预先设计的方案为主要任务，不以追求整个教学活动的组织严密、环环相扣、层次分明、井然有序为目的，可以不完全遵循线性的教学顺序，可以有一些"松散"、一些"随意"，甚至一些"杂乱"。教师要以悦纳的态度和广阔的胸襟鼓励学生向教科书、向知识权威挑战，鼓励学生尝试"犯错误"、自由遐想、超越"预设的轨道"。在此情境中，师生智慧得以碰撞，情感得以宣泄。广域的反思时空为学生提供了创造的契机。

反对以教案为本位，其精神实质是要以开放取代封闭。但这并不意味着教师可以不写教案、不备课，而是强调教学观念的转变和工作重心的转移。备课不仅要备教材，更要备"人"；教案要从以显性教案为主转向以隐性教案为主；要从以"教"为设计中心转向以"学"为设计中心。

（3）由传递接受式为主向以引导探究为主要特征的多样化教学模式转变。

二十世纪八十年代以来，我国基础教育领域一直在推进学科教学改革。就教学模式而言，虽然还没有从根本上动摇"传递接受式"在教学中的统治地位，但也取得了丰富的经验，探索出一些行之有效的教学模式。例如自学——指导式教学，以培养和提高学生的自学能力为主要目标。这一模式体现了学为主体、教为学服务的思想，有利于学生积极开动脑筋，在主动探索中求得知识的掌握与内化；在教学过程中，同学之间可以进行广泛的交流，相互提示、相互激励、相互启发，这样有利于学生共同发展。

"数学自学辅导教学""六课型单元教学法""语文六步教学法"等改革实践均已证明，这一教学模式是卓有成效的，具有适用范围广、可操作性强等特点。又如引导—发现式教学，这种模式是指以解决问题为主，学生在教师指导下通过发现问题、提出解决问题或假设的一种教学模式。这种模式有利于改进学生掌握知识的方法，使他们学会学习、学会发现问题、学会进行信息加工、学会对提出的假设进行推理和验证，有利于培养和发展学生的逻辑推理能力，科学严谨的思维方法以及探究、发现精神。

再如情境—陶冶式教学，是在教学活动中，创设一种情感和认知相互促进的教学环境，让学生在轻松愉快的教学氛围中既有效地获取知识，又陶冶情感的一种教学模式。"情境教学"、"快乐教学"、"愉快教育"、"成功教育"等均属于这一模式的教改实验。这种教学模式有利于学生愉快而扎实地掌握知识，有利于提高学生的认知能力和审美能力，进而拓展和深化教学的教育功能，对学生进行个性的陶冶和人格的培养，提高学生的自主精神与合作精神。

由于任何教学模式都指向一定的教学目标，其功能的发挥也需要一定的教学条件，这就决定了任何教学模式都不是万能的，世界上没有放之四海而皆准的教学模式。所以，为了有效地实现教学目标，教师要能针对具体的教学要求选择恰当的教学模式。教师要熟悉和掌握多种教学模式，并有充分的心理准备，能随着教学条件的变化，灵活地调整教学模式。新课程特别强调教学方式的转变，特别强调学生自主探究精神、创新精神和实践能力的形成。这就要求教师高度重视"引导探究"的教学思想，以"引导探究"精神整合教学模式，选用教学模式。这种以引导探究为主要特征的教学模式具有如下特点：

①互动性。学习说到底是学生自主建构的过程，无论知识的获得、能力的发展、还是创新精神的形成，都离不开学生自主自愿的参与，离不开学生的大脑乃至整个身心的"到场"。学生对为什么学习、能否学习、学习什么、如何学习等问题必须有自觉的意识和反应，这些突出表现在学生对学习的自我计划、自我调整、自我指导、自我强化上。现行的"自学—指导式""引导—发现式"等教学模式之所以需要吸纳新课程理念，就是因为尚未把学生真正置于自主探究的地位，比较强调教师的"指导"地位和"指导"作用，认为学生不知道探究什么问题、用什么方法探究、怎样实施探究、探究中走了弯路影响了教学进度怎么办。这实际上是"牵"着学生走路，显然没有摆脱教师权威、教师中心的观念。教师的"指导"是必要的，但"指导"得过于具体，就容

易弱化"探究",甚至影响"探究"的质量。

②探究性。探究性是这类教学模式的精髓。它以培养学生的问题意识和创新精神为取向,以独立提出问题(课堂教学中称之为教师设置问题)、分析问题、解决问题为基本特征。作为教师,要有巧设问题、敏感地发现问题、营造探究氛围的能力,要有开启思路、指点迷津、化解困惑的学识,以及欣赏标新立异、鼓励"胡思乱想"的宽容大度。只有这样,引导探究性教学才有可能处于学生的最近发展区,并走在发展的前面,学生才有可能开展丰富多彩而又切合实际的探究学习,经历曲折的探究过程,并由此获得各方面的最佳发展。

③过程性。传递接受式教学比较注重结论,而引导探究式教学虽然也要追求知识、技能发展的目标,但更注重过程与方法、情感、态度与价值观方面的目标实现,强调学生通过探究活动获得亲身体验,逐步形成一种在学习和生活中喜欢质疑、乐于探究、努力求知的心理倾向,激发探索和创新的积极欲望。

正确地发挥教学模式的作用和功能,最根本的原则是从实际出发。在纷繁芜杂的教学实践中,教学模式只是一种手段和方法,它不能代替一切,适应所有情况。这是我们在选择和运用教学模式时应有的态度,只有这样,才能突破教学模式本身固有的局限。

运用教学模式,必须从实际出发,对教学模式进行区别、判断、选择、创造。区别,就是对众多的教学模式进行甄别,从中分出真性模式和假性模式;判断,就是断定某种模式对自己有用还是无用;选择,就是根据自身的各种条件,选择最佳的教学模式;创造,就是教师在运用模式的过程中,充分发挥自己的能动性和创造性,开发更为适合自己的新模式,避免把所用模式变成失去活力和生命的固定框架。

教学模式的综合运用示例

塞先生是一所高中的文学教师，他通常给高级班讲课。在普通班学生的邀请下，他准备给普通班教授一个单元—《麦克白》。下面便介绍他规划并实施这一教学单元的过程。

1. 确定教学目标和评价方式

塞先生首先勾画出教授《麦克白》所要达到的目标：要促使学生热爱此剧；通过掌握难度较高的材料而获得智力方面的自信；欣赏莎士比亚剧作的魅力；掌握与"野心"这一概念相关的复杂性；理解《麦克白》中人物性格的多维性；认识到建议的影响力；逐步适应五音步诗行抑扬格的丰富性；熟悉英国伊丽莎白女王一世时代的主要特点。

然后，他通过搜集资料、与任课教师交流、了解学生原有的成绩水平以及观察授课班级等方式进行了大量的准备工作，认真地分析了普通班学生的需要，最后发现对学生而言，最重要的是获取自信和自立，克服自卑心理。因此这些学生需要学习富有挑战性的材料；相信别人认为他们能掌握难度高的内容；得到对他们的观点的重视；获得对自己能力的信心；谈论重要的问题和真实的情感；通过成功地掌握难度高的材料而获得成就感。

根据上述的目标和学生的需要，塞先生进一步确定《麦克白》这一单元的教学目标以及评价目标达成度的方式：

①学生喜爱《麦克白》，提高了学习兴趣。评价方式：单元教学前后的问卷调查；

②学生能够将剧本的主题与日常生活联系起来。评价方式：学生设计模仿《麦克白》场景的现代短剧；

③学生学会欣赏五音步诗行抑扬格的魅力。评价方式：学生选择一曲自己最喜爱的音乐，解释其节拍与吟唱如何和谐地相互配合；

④学生分析主要人物性格，确定决定其复杂性的因素。评价方式：写一篇作文，也可以画图片表达他们的想法，或者剪接适合主题的别人

画的图片；

⑤学生熟悉伊丽莎白一世时代。评价方式：将当时社会某一方面的情况给其他同学讲解；

⑥学生理解建议的力量。评价方式：讨论和口头作业录音。

2. 选择适合的教学模式

目标明确之后，塞先生开始考虑运用哪些教学模式、教学模式的运用顺序以及运用各模式的教学时间。

①首先，运用概念发展模式（H. 塔巴的归纳式思维训练或概念形成模式）促使学生学习"畅销作品"这一概念。通过肯定性、否定性例子引导学生讨论"畅销作品"的标准，然后用这一标准来评价《麦克白》，讨论莎士比亚运用了哪些相同的标准，哪些不同的标准，以及时代的变迁对文学评价标准的影响。这些讨论有助于学生从新的角度思考《麦克白》。

②然后运用直接指导型教学模式向学生提供莎士比亚生活时代的背景知识，可以通过讲解、独白、电影片断、艺术展览等多种形式。

③同时运用合作模式（研究训练型教学模式或训练小组模式）教授背景知识。可以用交错法让学生互相传授关于当时的政府、艺术和建筑、阶级结构、教育、建筑和工业以及日常生活等知识。

④然后向学生呈现剧本，前两幕采取放电影的方式让学生对照剧本观看电影。在理解有关情节的基础上再让学生共同阅读第三幕剧本。

⑤运用概念发展模式传授关于"野心"的一课。

⑥如果阅读进展顺利，学生们共同阅读第四幕，然后通过合作学习讨论第五幕，合作学习小组准备向全班表演某一场景。

⑦同时，运用群辩法（探究型教学模式的原理）使学生理解人物内心的矛盾。

⑧呈现剧本之后，运用情感探索模式揭示剧本人物的情感世界。

⑨最后，在经过上述步骤获得的理解的基础上运用萨奇曼的探究训练模式探讨悲剧是如何发生的。塞先生希望学生通过探究，从"野心"之外的因素找悲剧的根源，到当时的社会背景中去寻找答案。

期待阶段 （呈现剧本前）	认识阶段 （呈现剧本中）	思考阶段 （呈现剧本后）
关于"畅销作品"的概念发展（1天） 关于背景的直接教学（1天） 关于背景的合作学习（4天）	关于麦克白夫人的群辩法（2天） 关于野心、建议的概念发展模式和课堂讨论模式（5天以上） 用短剧表演第五幕的合作学习（3天）	关于人物的情感探究（1～2天） 萨奇曼探究训练（1天）

3. 课的设计示例

塞先生认为，两个主要概念"野心"和"建议的力量"在剧本的情节发展中交织在一起发挥作用，因而关于野心、建议的教学是理解剧本的关键。现将教学设计呈现如下：

课文：野心和建议的力量

教学时间：6～8天。

教学目标：

学生应能够做到：

①以某种艺术手段表明他们对"野心"含义的理解；

②口头陈述他们对无节制的危险的认识；

③作文说明"野心"这一概念如何与他们的日常生活相联系；

④讨论确定麦克白和麦克白夫人野心的起因；

⑤引用日常生活中的例子作文说明建议的力量；

⑥举例说明两个概念之间的联系；

⑦假设在现代生活中巫婆将采取什么形式出现。

教学模式：概念发展模式和课堂会议型教学模式。

选择这两个模式的理由：通过概念发展过程，让学生首先描述他们对剧中女巫的印象，然后公开分组、标记、综合等活动，可以帮助学生逐步认识到女巫是人类生活中命运的象征，并进一步了解女巫是莎士比亚向观众呈现麦克白的思想以及建议的力量的一种手法，这为学生理解剧本主题打下基础。而课堂会议型教学模式则能够扩展全班概念发展活动中得到的观点，并提供有关主题的事实性、解释性和评价性问题，帮助学生对主题形成自己的理解和观点。

4. 概念发展模式设计

教学时间：1 天

学生的学习活动包括：①列出有关女巫的全部事实；②将这些细节分类；③给这些类别作出标记，说明理由；④重新考虑各项目间的关系，必要时重新分组；⑤综合上述项目，概括女巫的作用。

指导概念发展活动的问题：

①女巫一词使你想起《麦克白》剧中的什么？

②仔细看看列出的这些项目，有哪些相似的项目可以并入一组？

③你为什么将"敞口锅"和"烟"归在一起？

④再看一下原先列出的项目，是否还可划分其他的组？

⑤看黑板上的项目和归类，一般而言关于女巫我们可以说些什么？学生选择某一组项目写一篇短文，以此组的标记为主题句，以其中的项目为证据，说明女巫的作用。学生在一天内完成作业。

课堂会议型教学模式设计

在概念发展活动之后进行课堂讨论。教学时间：2 天。

第一个问题群：女巫的作用，基本问题为：如果麦克白从未听过女巫的预言，会杀死邓肯吗？扩展问题如下：

①女巫们在哪里出现？

②女巫们在什么情况下出现？

③女巫们看起来像什么？

④女巫们做了些什么？

⑤她们的力量有限吗？

⑥她们获得信息是用逻辑的方式吗？

⑦你认为她们为什么出现三次？

第二个问题群：野心、建议的力量，在这一问题群中，多数问题是评价性的，目的在于帮助学生探讨剧中女巫的作用与野心之间的关系，并与学生的生活联系起来。基本问题为：什么力量决定我们生活的目的？扩展问题示例如下：

①麦克白夫人有野心吗？从何种意义而言？她的野心以什么方式表现出来？

②在剧中"野心"和"建议的力量"这两个概念是否相关？如果相关，以何种方式相关的？

③在生活中你是否见到过显示建议的力量的事例？

④在课堂上你见到过有野心的例子吗？在运动场呢？在家中呢？和朋友在一起呢？在政治上呢？

塞先生准备了很多的问题，以便课堂上根据实际需要取舍。

评价：通过讨论可以看出学生掌握概念的程度，但评价应进一步反映学生运用主题的能力。要求学生在下述作业中选择两项完成：①用图片表现女巫的现代形象；②选择一个概念完成一篇作文，举例说明这一概念曾如何影响你的日常生活；③写一篇一到两页的作文，说明你的生活目的以及什么力量使你持有这种目的。学生首先要写出草稿，然后在小组内与同学讨论各自的作业，采纳同学的建议，再完成定稿。这一过程需要 3 天。

5. 教学模式实施示例

根据教学规划实施教学后，得到了令人满意的结果，学生能够对复杂的思想观点、情感进行较为深入的探讨，并从中获得了自信和学习的乐趣。同时，塞先生发现学生在阅读剧本时遇到了困难，如果事先让学生看完全部电影，阅读的效果将会得到改善。

塞先生运用各种教学模式促使学生积极地参与学习。这一教学单元的高潮之一是运用群辩法的那一课，下面就简要地描述这一课的实施情况。

①学生以三人一组讨论麦克白夫人这一人物，然后各自写一篇关于她的短文。从这些短文中，学生列出描述她的词语：声音刺耳、泼妇、冷淡、执迷、阴谋者、尖酸、凶残、两面派、虚伪、奸诈、疯狂、纵容。

②要求学生说出看这些列出的词时是否会想起某种动物或机器。学生的回答包括：老虎（偷偷接近将猎取的动物）、蜘蛛（诱使猎取物落网）、匕首（看起来纤细却是致命的）等。

③然后让学生从中选出一个事物，并假设他们自己就是那个事物，描述它有什么感觉。学生们挑选了匕首，他们描述的感觉举例如下：

我感到优雅：我纤细、娇小，向一端变细、悦目、快速（而且致命）。

我感到自豪：我瘦弱但悦目、漂亮。

我感到狡猾：我可以轻易地藏起来，可以无声地、迅速地飞出去。

我感到强大：我能够在敌人知晓之前就杀伤他们。

我感到诡秘：我可以隐藏起来，然后出乎意料地投向某人。

我感到孤独：我没有朋友，我独自待在箱子里。

我感到被囚禁：我总是被装在鞘中藏起来。

我感到无助：我无法控制自己何时及如何被利用。

我感到致命：我细小而安静，但有剃刀的锋利。

④然后让学生在上述表示感情的词汇中挑选对立或矛盾的词汇，学生选出：自豪与诡秘；优雅和强大；被囚禁和强大；优雅和致命。

⑤全班选择"被囚禁和强大"做进一步探讨，列出既被囚禁又强大的事物。学生列出：原子核能；潜水艇艇长；被绳子绑牢的拳击手；受伤的狮子；为帝王表演的斗牛士（竞技场上的）。

⑥重新返回到麦克白夫人这一课题上，塞先生让学生选择上述项目中的一个与麦克白夫人相比较。多数学生选择"为帝王表演的斗牛士"。学生认为她既强大又有致命弱点，她是野心的傀儡，正如斗牛士是帝王的傀儡一般。

可见，通过群辩法，学生最后对麦克白夫人形成的理解更进一步，不再单纯地只从一个侧面理解人物而能够揭示人物性格的矛盾性和复杂性，并创造性地运用类比反映这种复杂性，从而为进一步探究主题打下良好的铺垫。

上面的案例研究介绍了在教学单元设计中，如何有效地选择和组合各种教学模式以达到既定的教学目标。塞先生从学生的需要出发制定了多层次、多侧面的教学目标，然后根据各种目标的要求，选择合适的教学模式，并按照从简单到复杂的顺序开展理解和发展概念、了解事实、揭示人物性格和情感世界等一系列教学活动，从而逐步地揭示剧本的主题，并在各模式中不断地将主题与学生日常生活相联系，最后达成对主题深入的探究和深刻的理解。塞先生的成功之处在于提出了与学生具有高度切合性的教学目标，并选择符合目标的教学模式，一步步地完成由低到高的各层次的认知、情感目标。